優渥叢書

優渥叢書

懂一點
心理學
讓說話產生
正面效應

本書教 **13** 個技巧，讓你在每一種人際關係都游刃有餘！

張心悅◎著

目錄

第 1 章

為何訓練自己跟別人的溝通能力，這麼難？

1-1　見人說人話，但如果是見鬼呢？　*010*
1-2　大腦的頑固因子，讓你沒有說服力嗎？　*012*
1-3　如何有效訓練溝通，讓表達更有成效？　*016*
1-4　回歸初心，實行溝通的極簡主義　*019*

第 2 章

為何你不喜歡跟他溝通呢？
大腦惹的禍！

2-1　對話案例：業務員不喜歡這個客戶　*026*
2-2　為什麼感受到的和事實不一樣？　*029*
2-3　對話案例：和國外客戶的誤會　*033*
2-4　情緒會影響理解、感受與記憶　*035*

第 3 章

他想要的，你懂多少？

心靈地圖不一樣！

3-1　每個人都有自己的「心靈地圖」　*038*
3-2　我們用語言探索彼此的內心世界　*041*
3-3　事實性陳述，是職場溝通最重要的基礎　*044*
3-4　對話的 5 大核心「事實原則」　*049*

第 4 章

藉口說多了，以為是真的？

事實勝雄辯！

4-1　做出事實陳述，會讓誤會及失誤少 99％　*052*
　　【小練習】學習陳述事實
4-2　多使用圖表、數據，更有說服力！　*059*
　　【小練習】給對方「指路」時，該怎麼說？
4-3　把專業的語詞，用白話文闡述　*062*
4-4　用「ABC 表達法」練習 10 次吧！　*069*

第 5 章

網路攻擊、被人誤解怎麼辦？
3 個字要訣！

5-1　虛懷若谷、順藤摸瓜、讓子彈飛　*080*
5-2　還原事實、還原細節、還原意圖　*085*
　　【小練習】用「3 個還原」提問日常對話
5-3　用 3 招發現更多的真相，保護自己！　*091*

第 6 章

文化、男女……造成的偏見？
尊重的力量！

6-1　每個人的背景不同，無法一套說法走天下！　*096*
6-2　避開 6 種偏見，你的溝通才能順暢　*103*
6-3　用成年人的方式理解現實世界　*108*

第 7 章

為何說沒兩句就容易上火？
卸下武裝吧！

7-1　解除自我防禦機制，你才能無話不說！　*116*

【自我提升小作業】傾聽內心的聲音
7-2　打開內在感官頻道，就能豐富你的交流！　*124*
【自我提升小作業】內感官的訓練計畫

第 8 章

為何我跟他話不投機三句多？
打開你的鏡像神經元！

8-1　對話案例：被感動的面試官　*134*
8-2　鏡像神經元幫助我們與他人說話時，心有靈犀！　*137*
8-3　對話案例：抱怨的下屬、心累的主管　*141*
8-4　恐懼、壓力……讓你無法和人溝通　*143*

第 9 章

為何講求效率，被誤解成不通情理？
產生共鳴法！

9-1　追逐效率，不如讓「我們」產生共鳴　*148*
9-2　從「我」要追求效率，進化到「我們」達成共識　*151*
9-3　深度對話的 5 大核心「情感原則」　*154*

第 10 章

聊不停，就會有好人緣嗎？

傾聽的藝術！

10-1　你要開口前，請給對方 2 分鐘　*158*
　　　【小練習】2 分鐘複讀機練習
10-2　什麼是成熟的傾聽態度？　*163*
10-3　成為合格的傾聽者，請用 3 ＋ 3 ＋ 3 法　*166*
　　　【小練習】傾聽的自我測試

第 11 章

冰山下不說的話，你聽的到嗎？

回話的公式！

11-1　聽懂言外之意其實很簡單！　*176*
11-2　講大道理、給解決方案……
　　　其實你還是不懂他要什麼！　*179*
11-3　有效回應的萬能公式是＝事實＋感受　*183*
　　　【小練習】給好友回應訊息

第 12 章

憤怒、焦慮時，讓你語無倫次嗎？

情緒能量象限表！

12-1　調整憤怒、焦慮、難題的處方　*188*
　　　【小練習】轉化憤怒情緒的練習
　　　【小練習】轉化焦慮情緒的練習
12-2　你與家人、朋友或同事有「述情障礙」嗎？　*195*
　　　【小練習】測試你的情感力
12-3　有效運用「情緒能量象限表」　*204*

第 13 章

溝通時你踩到對方的紅線嗎？

建立適當的心理邊界

13-1　為何會衝突？因為你沒有擁有獨立的心理邊界　*214*
　　　【自我提升小作業】為關係設定邊界
13-2　為何會受傷？因為你沒有經營安全的依戀關係　*221*
　　　【自我提升小作業】關係觀察小日記

附錄　職場對話行為評估問卷

第 1 章

為何訓練自己
跟別人的溝通能力，
這麼難？

1-1
見人說人話，
但如果是見鬼呢？

當下，組織的溝通訓練面臨三大困難。

在溝通訓練中，被證明可行的方法是「情境訓練」，即在情境中再現溝通場景，給出有效的溝通方法後進行模擬。然而，溝通是一個非常特殊的技能，它的應用不僅涉及情境，還涉及情境中溝通的對象——人。

溝通是一個人和人「交互」的過程，而非某個情境下固定的任務、模式化的動作，這讓對話的過程充滿不確定性。因此，將訓練情境應用於實際工作時，受訓者是否能夠針對不同性格、年齡、情緒狀態的對象舉一反三，靈活運用溝通技能，就是一個難題。

2008 年，我在百度負責電話行銷團隊的銷售溝通訓練。這個團隊近 2 千人，流動性很大，每個月都有 3 百多

名新人入職。我的工作是把這些毫無經驗的新員工，迅速培養為可以完成交易的電話銷售人員。那時，我們基於大量的一線工作，構建了「銷售 5 步法」，這是一個能在短時間內迅速掌握的「電話腳本」，包含對銷售情境給出應對方案。這套精準銷售情鏡的訓練，實踐後被證明是有效的，可以在短時間內讓員工上手工作。

但之後業務部門對成交率提出新需求後，銷售人員僅憑這些「對話套路」顯得遠遠不足，不一定能促進成交。這是為什麼呢？因為銷售人員在工作中，會面對很多人與人交往的「不確定性」。

例如，同樣面對客戶的一句「太貴了」，我們如何聽出言外之意？這句話背後涉及的意義千差萬別，並非一個對話套路可以窮盡。對話套路只能給出標準動作，對「人」這個不確定性的應對，是非常有限的。這裡所指的人，不僅包括溝通對象，也就是電話那端的客戶，還包括溝通的發起者──銷售員自己。

之後，我們引進了耶魯 EQ-i 的情商訓練體系，來訓練銷售人員的情感能力，發現有很好的效果。因為對話技巧中涉及大量與情感相關的能力，例如，傾聽、覺察、分辨、控制情緒、判斷時機等等，這些軟技能的訓練，是實現情境遷移的重要保障。

1-2
大腦的頑固因子，
讓你沒有說服力嗎？

　　上一小節提到，銷售溝通訓練引進耶魯 EQ-i 的情商訓練體系後，發現很有成效。然而，似乎還有一些更隱形的東西，在影響和制約著溝通效果。

　　常規的溝通訓練理論，大多來源於實踐觀察以及經驗的總結，即經由觀察和統計發現如何做有效，以及經由對標杆的研究——優秀的銷售人員的成功經驗是什麼，來作為訓練的依據。

　　也常有訓練會引用一些成熟的心理學理論，但往往僅停留在某一個具體的「點」來啟發，例如，非肢體語言的意義、首因效應、語言的暗示等等。對於到底是什麼在影響一個人溝通行為的發生，以及如何解決影響一個人語言模式背後的心理機制問題，我們需要一個嚴謹的訓練理論

作為支持。

我在銷售人員的訓練實踐中發現：溝通中的確存在一些更深入、也更「頑固」的內在原因，影響了的人溝通行為。例如，有 30% 左右的受訓人員，明顯被更深層次的信念問題所干擾，他們會問「網路真的有這麼大價值嗎？」「讓我們和客戶做朋友，可是我能賺朋友的錢嗎？」「我們的產品價格會不會太高了？」等等。這些影響成交的障礙涉及人的觀念，也就是思維方式、價值觀和深層信念。

銷售人員一旦在對話中觸及了自己的這些「深層困惑」，就可能使之前所有的努力功虧一簣。另外，還有 5% 左右的受訓人員，其性格特點明顯表現出不適合高強度的銷售工作。他們對拒絕的耐受程度較弱，對完成目標的興趣不大，內在驅動力不包括對他人施加影響的渴望等等。這些都是在訓練中浮現出來，且很難改變的人格特質，我稱其為「對話心智」。這些問題幾乎無法經由常規的技巧訓練、能力訓練來解決。

2009 年，我進入心理學領域深造，經由北京師範大學教育心理學的研究生課程，取得心理諮詢師執照，之後跟隨北京大學的徐凱文教授學習臨床心理動力治療和心理危機干預的研修生課程，接受了大量精神分析治療的臨床訓練，開展心理諮詢的個案工作。我在實踐中，尋找語言

背後有關信念和心智問題的解決方法。在心理諮詢室裡，我應用臨床心理學技術陪伴我的來訪者，經由提升其內在心智，來轉變「對話方式」。

這一路又是 10 年。2017 年，我提煉的「語言－心智模型」（見圖 1-1），在平台中第一次以課程的形式公開發佈。「語言的背後是情感，情感的背後是價值，價值的背後是心智」這一清晰簡單的「語言冰山」邏輯，成為交互式對話教學訓練的核心理論依據。

語言模式
情感模式
信念模式
心智資源

▲ 圖 1-1　語言─心智模型

同時我也研究心智發育，提煉出 5 大「心智資源」作為影響對話行為背後的內在動力（見圖 1-2）。它們分別是內在穩定、現實驗證、情感界限、思維建構、自主驅動。這些心智資源經由信念和情感模式，作用於我們的語言表達行為。在交互式對話的訓練中，你會發現每個對話

動作的訓練背後，都涉及心智賦能，這就是希望經由對心智資源的改善，來推動溝通行為發生本質的、持久的變化。

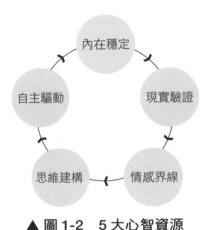

▲ 圖 1-2　5 大心智資源

　　情境訓練只是打磨看得見的「一招一式」，對話中的情感能力，則涉及你對語言的理解力和感受力。而對話背後的信念，和你的「潛台詞」有關，也無時無刻不在影響「台詞」和情感能力的發揮。而對話心智就是台詞背後的「劇本」，這才是決定你與他人對話成敗的真功夫。要想說得精彩、活得漂亮，並非一日之功。

> ## 1-3
> # 如何有效訓練溝通，
> # 讓表達更有成效？

　　在心理諮詢的過程中，我發現來訪者經由心智成長帶來的語言變化是顯著的，但也是緩慢的。而企業往往追求效率，其採購訓練課程的目的，通常是為了解決業務問題並提高績效，而非員工深層次的個人成長。這時候就面臨一個溝通訓練的兩難困境：溝通訓練想要真正有效，就需要解決人的深層次問題；而深層次問題的解決需要時間。

　　效果和效率，是否可以兼得？
　　我們能否快速觸及深層次問題，並帶來持久效果？

　　因此 2018 年，我對以情境訓練為設計架構的「情境對話」訓練，做了版權登記；2019 年，我開發出以引導

技術為設計架構的訓練課程「交互對話力」。交互式對話，作為一整套能夠快速觸發心智成長，同時又在組織溝通情境中能夠快速見效的訓練方法，有以下特點。

經由「再現對話」突破內在困境

為了讓改變「由內而外」，我們採用大量心理學方法，對這些方法進行改造，並與傳統培訓方法相結合，目的是在課堂上迅速催化學員改變，從而突破其內在困境。

例如，我們將動力團體的心理治療技術進行結構化改造，在不觸及個人隱私的情況下，深入學員的內心感受；把大腦科學通俗地設計成遊戲，方便大家理解語言的心理工作機制等等。諸如以上，將心理學經典的跨學科研究成果，植入企業培訓課堂，實現一般對話的「專業化升級」是我們的交互式對話教學目標。

促進習慣養成，知行合一

「知道了」還遠遠不夠，交互式對話經由前期、中期、後期一系列混合式的教學設計，再加上書籍、微課、訓練營等週邊產品，讓學員能夠真正在實踐中做得更好。

打破溝通訓練的舶來模型

　　職業化的溝通訓練還有一個非常重要的成敗關鍵，就是「語境」。東方和西方處於兩種不同的文化語境中，對溝通行為的理解、溝通行為背後人際關係的理解、角色認知理解的差異，文化塑造著我們溝通底層的心智模型。

　　交互式對話，嘗試使用西方技術作為訓練工具，東方文化作為訓練宗旨，以道馭術，避免走入功利主義、效率至上的對話誤區。

1-4
回歸初心，
實行溝通的極簡主義

　　2019 年年底，我開始動手撰稿本書。期間我聽了日本稻盛和夫思想的傳播者——星野周先生的分享並與之交流。交互式對話的「五大信念反覆運算」，就是受稻盛和夫先生「奇跡重建」的啟發而最終成型的。

　　五大信念反覆運算在我看來，是交互式對話的核心靈魂。之後，計畫閉關寫作的我和大家一樣，遭遇了突如其來的疫情考驗。我獨自被隔離在北京家中，經歷了人生中最難忘的「艱苦時光」，本書是這段時光贈予我的人生禮物。

從「我」到「我們」的對話之道

78 歲的稻盛和夫，被邀請重建日航，這家病入膏肓、無人敢接、瀕臨破產的龐然大物，最終由稻盛和夫先生這個航空業的門外漢重建起來。

稻盛和夫先生在《活法》一書中寫道：

人類靠科學技術構築了高度的文明，享受了富裕的生活，然而這方面的成功卻導致了另一種結果，就是人們忘記了人的精神、人的心靈的重要性。從而引發了新的問題，比如破壞了地球的環境。

我們往往有一種傾向，就是將事物考慮得過於複雜，但是事物的本質其實極為單純，因此我們把事情看得越單純，就越接近真實，越接近真理。抓住複雜現象背後單純的本質，這種思考方式極為重要，這可稱為一條人生法則，這條法則同樣適用於經營。

這些論述讓我聯想到 20 世紀最偉大的物理學家和最重要的思想家之一大衛·伯姆（David Bohm），他在《論對話》（*On Dialogue*）開篇中寫道：

過去幾十年來，現代科技發展一日千里，廣播、電視

與飛機、衛星構成了一個龐大的網路連接全球，使得世界的任何一個角落，幾乎都可以在瞬間彼此相連。然而與此相對應的，是人與人之間的感覺日漸隔閡，彼此間的溝通以空前的速度變得每況愈下。如今這樣的情形每天都在我們身邊上演。

而如果成功溝通的背後也有一個最單純的本質，有一個最簡單的原則，可以穿越紛繁的「對話套路」。那麼，這些原則又該是什麼呢？

溝通是關於人的交互，《論語》說：「己所不欲勿施於人」稻盛和夫說：「敬天愛人」。那麼，在這個追求效率和自我實現的時代，重建成功對話的原則，是否可以遵循一個簡單的思維方式：從「我」看向「我們」。

打破追求溝通效率的狂熱

20 世紀 80 年代，在西方國家追求卓越和高速發展的狂潮中，也出現了大量警報的訊號，警鐘敲得越來越響。那時，他們開始把眼光投向東方，試圖尋找答案。

在經典的管理學著作《管理百年》（*The Management Century*）中有一段闡述：

西方管理者從來沒有準備好採用非線性思維的終極工具。他們總想著要衡量什麼，要做些什麼努力，要抓住些什麼……問題在於我們一味沉迷於管理工具，卻忽視了管理藝術，我們的工具側重於衡量和分析，我們可以衡量成本，但光靠這些工具，並不能準確地闡明和衡量能生產出高品質產品的員工價值所在。如果我們把焦點放在業務研究詳盡的規劃體系、嚴格的財富分析上，就會使管理喪失靈魂，也會失去對客戶的重視。

　　每每讀到這些文字的時候，就好像置身於當下「不可以輸在起跑線上」「那些比你優秀的人都比你更努力」的焦灼之中。我們在努力地抓住一些東西的時候，是否也丟失了靈魂呢？在溝通的訓練中，我們是否也沉迷於溝通工具，忽視了溝通的藝術，把焦點放在了「話術」和「動作」上，而喪失了溝通的初心？

　　西方組織其實早已看到，並努力打破「效率」的魔咒，進行管理的回歸、對人性的回歸和對簡單的回歸。正如通用電氣在講述成功的原因時，所說的不過是尊重常識：「保持簡單，彼此尊重，在工作中儘量尋找樂趣。」彼得·聖吉說：「未來真正出類拔萃的組織，將會是那些探索出如何讓各層級員工自覺學習，發揮出最大潛能的組織，這也是對人的成長和本性的一次回歸。」

　　彼得・聖吉的摯友奧托・夏莫（Otto Scharmer）教授，在觀察彼得的學習型組織實踐中發現：一些案例成功了，另一些卻失敗了。經由分析那些失敗案例的根本原因，他深刻認識到在這樣一個劇烈變化的時代，如果不徹底改變人們腦中的底層作業系統、心智模式，任何真正的系統性變革都無從談起。

言由心生，願你我把對話作為修行

　　我的導師徐凱文教授，曾說：「如果讓我現在來解釋人為什麼會出現心理困擾，我會覺得是因為人迷失了本性，我們以為外在的物質可以帶來快樂和幸福，然後去拚命追求那些快樂。其實如果回到人本真的狀態，那些物質與權力的困擾是不存在的。」

　　那麼親愛的朋友們，我們有關「說話」的困擾又從何而來呢？在職場中，我們可能會反抗主管，認為自己說的話就是心裡話，必須維護自己的尊嚴，可是後來發現主管因此把一些重要任務派給了別人。

　　在生活中，我們常常不小心說錯話把別人「得罪」了。還有人面對不想做的事，總是不能拒絕，每次話到嘴邊又咽下去，然後邊做邊拖延，告訴自己下次一定要拒絕，可到了下一次又無法開口。就這樣在做與不做、說與

不說之間無限循環。

　　我們每天都在跟別人對話，說話的方式就是我們和這個世界相處的方式。我們過得不舒服，其實可能是說不明白、說得沒效果、說錯話了也不自知。我們無時無刻不在跟自己對話，我們若丟失了自己，就會言不由衷、詞不達意，或者即使言談浮誇卻難掩內心的空虛。

　　言由心生，每一句話的背後都閃耀著我們的本真。願你我把對話作為修行，於喧囂之中不忘初心，方得始終。

第 2 章

為何你不喜歡跟他溝通呢？
大腦惹的禍！

2-1
對話案例：
業務員不喜歡這個客戶

　　我們往往沒有意識到：語言才是溝通的最大障礙。每個人的所見、所聞、所想、所言千差萬別。即使對同一個問題、同一件事，甚至使用的同一個詞語，其背後都有迥然不同的心理假設。溝通的絕大多數問題，都來自於我們傳遞或解讀了「無效的訊息」，每當我們相談甚歡時，其實很可能只是在各說各話。

　　你也許遇過以下問題，在這一章中可以找到答案。
　　● 由於專業和經驗不同，跨部門工作的內容差異，導致人們對問題的理解差異。
　　● 一些談話總是徘徊在浮於表面的要求、觀點和困難上，無法深入。

- 以為說清楚了，卻總是變來變去，需要反覆溝通。
- 無論是對方還是自己，都帶著主觀情緒、傳遞出帶有感情色彩的訊息，很多時候會造成失真甚至是扭曲。
- 不知如何堅定、清楚又顧及他人感受地去說明建議、要求，或者拒絕他人。

廣告公司接到一筆大訂單，需要在一週內策劃好專案。客戶是一家做傳統生意的家族企業，老闆是一位 50 多歲的女士，年輕時靠自己打拚創業成功。這位女士的性格較強勢，對品質要求很高，對價格也很謹慎。

業務員甲：「主動找上門來的大客戶啊！經理，我最近業績這麼好，看在我這麼努力的份上，就交給我吧！」

業務員乙：「你別太天真了，這種客戶很難搞的，白手起家創業的都省得很。搞不好你忙一週做的專案，被左砍右砍後連利潤都沒有了。我剛入行時接過一個類似的客戶，忙了一個多月，結果是場噩夢啊……」

行銷經理：「小丙，你以前做過這類客戶，你認為呢？」

業務員丙：「經理，你可別找我，我……我跟這種老闆八字不合，一見到這種強勢的客戶，就說不出話來。您看看，這個專案時間短、要求高，我只有被宰的份。我……還是算了吧。」

業務員甲：「你們把這事也看得太嚴重了吧？客戶要求高也不是壞事啊，再說哪個客戶不想省錢啊？願意自己出主意的客戶，我看啊，比那些沒想法客戶好溝通多了。經理，他們不做，我來！」

就像這個例子，經理與業務們開會，原本是要討論這筆訂單的進行方式，沒想到變成了評論客戶大會，每個人的想法都不一樣……

2-2
為什麼感受到的和事實不一樣？

　　一位名叫 H.M 的男子患有嚴重的癲癇，嘗試很多療法完全無效後，1953 年，醫生為他做了手術，摘除他兩側大腦的海馬體和周邊組織。手術後，H.M 癲癇不再發作，而且運動能力、語言能力、認知能力等都沒有受到影響。但是，手術卻帶來了兩個嚴重的副作用。

　　第一，H.M 忘了手術前 2~4 年的所有記憶，對於更早發生的事情，卻能夠詳細、準確地回憶起來。第二，H.M 手術之後，對於剛發生的事情只能持續幾十分鐘的記憶，然後就會永久忘記這些發生的事情。他就像某部電影中的主角一樣，第二天醒來，昨天的一切都被忘得一乾二淨，每天都是新的一天。

　　這個案例引起了科學家們的注意，科學家猜測海馬體

可能就是掌管短期記憶的神經中樞。後續對類似的海馬體受到永久損傷的病患展開研究，同時經由破壞動物的海馬體來實驗，這些研究結果都證實了先前的猜測，結論驚人地一致：沒有了海馬體，儲存新的事實和記憶能力會被嚴重損害，特別是喪失短期記憶向長期記憶進行存儲和轉化的功能。

海馬體發育不全，無法正確評估現實

我們在出生的頭一年，大量無意識的記憶會存在杏仁核裡，這些記憶被稱為「內隱記憶」。這些記憶不能主動回憶，很難具體化，是非言語的記憶。這反映出早年體驗在我們的軀體和情緒上，產生了一個泛化的、不合比例的整體影響。

海馬體在我們出生的第二或第三年之後才發揮作用。海馬的記憶是外顯的，具有語言上的提取能力，隨著我們言語化的過程一起發育，而且能夠根據時間、地點、人物將之情境化，也就意味著我們能說出這些記憶。海馬體和更高級的中樞皮層相連，這些高級皮層直到青春後期，仍然繼續發育。

擁有安全的依戀關係，讓兒童的海馬體得以發育來平衡杏仁核的反應。創傷會使海馬體暫時喪失功能，導致它

的體積縮小，或者抑制了它的發育，從而影響到對杏仁核過度警覺的反應調節。

海馬體的功能，對我們的記憶和現實感都影響巨大。例如，從小到大，你經常看到父母的激烈爭吵，那種緊張和焦慮的感覺、身體反應，會讓你形成深刻的烙印。再例如，你曾經歷過死裡逃生的場面，這個創傷也會讓你難忘。這些情緒和身體的感覺，都會作為內隱記憶存儲在杏仁核裡，讓你對任何可能會引起類似情況的情境，都感到如履薄冰。

而海馬體存儲的是「外顯記憶」，是需要意識和經驗參加加工的記憶，這是比內隱記憶更「客觀」的記憶。例如，當你面對一個脾氣不好的客戶，這容易啟動父母吵架的內隱記憶，你會非常害怕跟他衝突，甚至想一走了之。

而海馬體在這個時候，會經由我們的經驗來判斷：首先，現在是在辦公室裡，還有同事在，客戶無法傷害你，先不用那麼害怕，也不用跑掉。海馬體還告訴你，人在遭受損失的時候都會有負面情緒，對方的不滿是對事不對人，火氣發出去就好了。從而這些理性的情境記憶的經驗，對你產生安撫情緒的作用，修正了內隱記憶的「報警」行為，增加了現實驗證的能力，讓你不必一直停留在想像的危險裡。

當然，如果你內隱記憶裡的恐懼過於強大，不斷釋

放，那麼協調情緒的海馬體和相關組織就會受到阻礙，導致現實評估和理性驗證的能力無法運轉。

也有可能是，你過去曾長期處於壓力過大的情況中，導致你的海馬體的發育受到影響，你不得不發展出很多防禦性的應對方法，例如，否定、合理化、壓抑等等，經由扭曲現實讓自己好過一些，而這就產生了內部現實和外部現實的偏差。

簡單來說，這個過程就好像大腦只要一觸發類似的傷害和威脅，就會馬上編一些恐怖電影來嚇唬自己，讓我們對當前的情況形成一種「想像」的看法。

例如，上一節的案例中，業務員丙想像「這個強勢的人會與我八字不合」；業務員乙想像「給這個摳門的老闆做專案簡直就是噩夢」。這些看法可能與身邊其他人非常不同，但是當事人卻深信不疑。

當海馬體無法正常發揮作用，我們所知覺到的就並非是來自於感覺系統所接觸的現實，而是由內在的記憶模型所誘發的想像。

2-3
對話案例：
和國外客戶的誤會

業務員 W 小心翼翼地敲門，走進了經理的辦公室。

「經理，我昨天把給〇〇日商的專案給對方了。可是，好像……結果不太好。可是我不知道哪裡出了問題？」

「你別急」經理說：「坐下來跟我說說怎麼回事。」

「這個專案是按照您給我的意見，好好修改後發出去的。可是我收到客戶的回信，客戶讓我……讓我過去檢討一下。」W 一臉沮喪，「信上還說，希望我們能一起做好這次教育。」

經理聽到這裡，忍不住哈哈笑出聲來，問：「還有其他的嗎？」

W 不解地回答：「您怎麼好像一點都不著急，都要被叫去檢討了，不知道我哪裡出了問題。就算有問題，也談不上要教育我吧？這個客戶感覺很不好相處……」

經理拍著 W 的肩膀說：「不要緊不要緊，我跟你說一下日本企業的溝通習慣……」

W 聽完經理的解釋後，自己也忍不住笑了出來。原來這是一場誤會，日本企業說的一起「檢討」，就是一起商量、研討的意思。而他們說的「教育」就是培訓、學習的意思。因為這些文字在日文是這些意思，雙方就這麼約定俗成地沿用了，卻和中文意思不同。

在日本企業裡，經常會聽到員工說一些「怪怪」的詞，諸如「檢討」「打和」「納期」。「檢討」其實和犯了錯沒關係，而是我們一起來討論、商量的意思。「打和」也沒有那麼多火藥味，其實是我們一起磋商、研討、開個會的意思。「納期」則是指最後的交付期限。

如果你不熟悉這些詞語，在溝通中就找不到感覺，無法與對方產生默契。但如果你能稍微「入境隨俗」，使用對方慣用的語言，說：「那我們也一起『檢討』一下吧？」你會發現，溝通將變得非常順利。

2-4
情緒會影響理解、感受與記憶

「觸景生情」有科學根據

海馬體裡的外顯記憶，常常經由情景或者情感的觸發而被喚起[註]。

例如，觸景生情，是說與當下所處環境有密切聯繫的事物，更容易被回憶起來。當你回到大學校園時，會很容易想起大學時的美好時光，發生的事會縈繞心頭。

又例如感今懷昔，是指對當前發生的事有所感觸，而懷念起過去的人事物。例如一個人終於獲得升遷，同事紛紛祝賀的時候，他回憶起過去的每一個重要關口，也回想

（註）科布，重塑大腦迴路〔M〕周濤譯，北京：機械工業出版社，2018：14-15。

起過去曾經支持、幫助過自己的人。

　　這些似曾相識的感覺和情景，都被我們賦予了相應的意義而被永遠保留下來。我們在記憶的時候，會用語言去定義，就好像資料存檔之前，要設置一個檔案名一樣，例如「年輕真好」「有志者事竟成」。

　　與此同時，語言中的每個「詞」，對每個人來說都具有獨特的意義。例如，「年輕真好」對不同人來說，有的代表大學生活的無憂無慮，有的可能是代表身體精力充沛。而這樣的意義也取決於聽者是否可以理解，他是否具有類似的體會。

抑鬱症患者偏向保存負面情緒

　　抑鬱症患者通常在回憶快樂時光這方面存在障礙，但在回憶悲傷的往事上卻沒有問題，這種記憶的偏向性也逃不開海馬體的影響。處於抑鬱狀態時，我們回憶出來的情景會偏向消極化，這時經歷中的悲慘往事特別容易浮現。

　　而抑鬱者也會偏向保存帶有負面消極情緒的記憶海馬體的傾向性工作，影響著我們的生命體驗。相反，傾向於保存積極的體驗和記憶，也會讓我們變得輕鬆、快樂，從而你會發現，其實人生的風景不過是一種選擇的結果。

第 **3** 章

他想要的，你懂多少？
心靈地圖不一樣！

3-1
每個人都有自己的「心靈地圖」

　　「地圖不是實際的疆域」，1931 年波蘭科學家阿爾費雷德・科爾茲布斯基（Alfreol Korzybski）創造這個句子時，意思是雖然地圖能幫我們到達想要去的地方，但是地圖與實際地形和風貌還是有很大差距。後來這個句子被引入神經語言程式學（NLP）的基本假設中，成為該領域的一個重要概念。

　　NLP 學者認為，每個人內心都有一個對世界的認知和描繪，這種認知和描繪所產生的內心體驗，就是我們的「心靈地圖」。

　　莉諾亞公主病倒了，國王說：「我會滿足你的任何心願，只要你能康復。」

公主說：「如果得到月亮，我的病就會好起來。」

國王身邊有很多智者，他叫來了物理學家、天文學家等等，但沒有一個人能幫公主得到月亮，他們說：「月亮遠在 30 萬英里之外，有半個王國那麼大。」於是國王十分憤怒，把他們都趕走了。

這時宮廷小丑說：「國王，智者說的應該沒錯。但我們要弄清楚的是，莉諾亞公主認為月亮有多大，有多遠。」於是，國王允許他和公主談一談。

「你有沒有把月亮帶來？」公主問道。

「還沒有，但是我馬上去為您摘，您覺得月亮有多大？」宮廷小丑反問。

「比我的拇指小一點點，因為我舉起拇指的時候能蓋住月亮。」公主說。

「那麼月亮離我們有多遠呢？」宮廷小丑問。

「可能就在我窗外的大樹那裡，因為有時候月亮就掛在樹梢。」公主回答。

接著，宮廷小丑又問：「月亮是什麼做的呢？」

公主說：「傻瓜，當然是金子做的。」

「今晚我會爬到樹上，等月亮掛在樹梢就為您摘下來。」宮廷小丑說。

離開公主的房間後，他馬上去了金匠那，要金匠做一個小圓餅形狀的金項鍊。

第二天他把金項鍊獻給公主，得到月亮的公主萬分高興，過沒幾天，她的病就好了。

　　由於每個人所在的環境、背景不同，發展出來的訊息處理能力就不同，再加上不盡相同的思維模式，導致每個人的「心靈地圖」都不會完全一樣。

　　不同的心靈地圖會讓我們有不同的想法，做不同的決定，即使對同一件事也會有不同的理解。所以，自己和他人的心靈地圖當然也會有差異。當你的心靈地圖和絕大多數人的差別越大，往往意味著，你可能就會與所謂的現實偏離越遠。

3-2
我們用語言探索彼此的內心世界

人類有了語言才可以彼此靠近、相互瞭解，而同樣也是因為語言才有了各種阻礙和誤會。阻擋我們的不僅是語言的種類、不同的口音及俚語，即使是同一個民族，生長於同一座城市，也會因為不同的年齡、性別、經歷和背景，而對語言內容產生不同理解，這都影響著溝通中對彼此心靈地圖的解讀。

《聖經・創世紀》中描寫過通天塔的故事。人們為了傳揚自己的名聲，挑戰神的權威，要合力造一座通天塔。

於是耶和華說：「他們成為一樣的人民，都說一樣的言語，如今做起這事來，以後他們就沒有成就不了的事了。我們下去變亂他們的口音，使他們的言語彼此不

通。」於是，耶和華輕而易舉地就使人們各自分散，通天塔也從此停工了。

語言是影響溝通的重要元素

在溝通訓練的課堂上，有一個有趣的「點擊遊戲」。

首先，以一個大家都耳熟能詳的「詞語」作為測試題目，諸如成功、美、幸福等等。接著，請每學員用便條紙寫下對這個詞語的定義。教練會把這個詞語寫在白板的中央，白板好比電腦螢幕，這個詞語就像一個「檔案名稱」。

然後，教練請大家把便條紙貼到白板上，就好像每個人都經由「點擊」打開了這個檔，便條紙上則是每個人打開的這個檔的內容。

當黑板上貼完所有的便條紙後，結果經常會讓學員大吃一驚，原來我們對即便熟悉的詞語，理解上也存有很大差異。例如，關於「美」這個詞，有各式各樣的定義：「美是一種舒服的感覺」「美是心靈的純淨」「自然的就是美」「美是符合黃金比例」還有人這樣寫：「美是大眼睛、雙眼皮。」

「點擊遊戲」的目的是讓我們看到，即使對同一個詞語，每個人都會有不同的定義，這對我們的溝通影響巨

大，也是很多時候造成溝通誤解的原因。可以想像，當我們坐在一起感嘆「好美啊」的時候，每個人其實都有各自的心靈地圖，所說的未必是同一回事。

同樣的道理，當一個人誇獎你「真聰明」的時候，他所說的聰明，也未必是在你的心裡感到高興的那個原因。當主管說：「要盡快完成。」很遺憾，這很可能是個無效的指令，因為上級的要求的「盡快」和下級領會的「盡快」，標準可能相差甚遠。

語言是影響我們解讀彼此心靈地圖的最重要的因素。語言是橋，也是牆。我們要學會在對話中「搭橋」，同時也要學會在對話中「拆牆」。

3-3
事實性陳述，
是職場溝通最重要的基礎

我們所聽到的不過只是一個觀點，而非事實。

我們所看到的不過只是一個視角，而非真相。

——《沉思錄》

事實：

事實是客觀的存在。它不以人的意志為轉移，事實可以經由觀察、實驗、記錄等測量手段來獲得，它代表了客觀和理性。

觀點：

觀點是主觀判斷。觀點來自於大腦，是經由學習、比較、判斷、質疑等產生的，它代表著主觀、感性。

事實性陳述：

一個可以被證明的陳述，符合絕大多數人對事實共同理解的陳述。

觀點性陳述：

某人對某件事物的看法或者感覺的陳述。

現實地圖：

經由事實性陳述所展現的人、事和情境。

主觀地圖（個人的心靈地圖）：

更傾向於用個人觀點性陳述，以及個人體驗所展現的人、事和情境。

事實決定對話的走向

美國哈佛大學心理學家亨利・默瑞（Herry Murray）編制了一種心理投射測驗，稱為主題統覺測驗（thematic apperception test，簡稱 TAT）。這個測驗由一套黑白圖片組成，圖片中人物所處的情境沒有特定的含義。測驗要求被試者看圖講故事，再由治療師或研究者分析故事的內容，以揭示隱藏在被試者無意識中的「心靈地圖」。

TAT 測驗的理論基礎是當你觀察人的行為時，無論是圖畫中的，還是現實生活中的，你對該行為的解釋，將以情境中可獲得的線索為依據。

倘若行為的原因顯而易見，那麼你的解釋將不僅易於正確，而且也會與大部分觀察者相一致[註]。

　　然而，如果情境模棱兩可，並且很難找到行為的原因，那麼你的解釋似乎偏向反映與自身有關的東西，如你的恐懼、願望、衝突等。你講述的故事將偏向體現內心想法，揭示內心世界，而不是你所觀察到的這張圖畫。

　　這項研究得出兩個主要發現。

　　第一個發現是，被試者所編的故事主要有四個來源：(1) 書籍和電影；(2) 發生在朋友和親屬身上的真實生活事件；(3) 被試者自己的親身經歷；(4) 被試者意識或潛意識中的幻想。

　　第二個發現，也是更重要的發現，即被試者很清晰地把自己的人格、情感以及心理，投射到故事當中。

　　例如，在測試中有一張圖畫是這樣的：一個男孩坐在地板上，背靠著長沙發，頭斜靠在右臂上，捲曲著身子，在他旁邊的地板上有一個形似左輪手槍的東西。不同的被試者，對這幅畫就編出了不同的故事。

　　一位童年有創傷的男士說：「可怕的事情發生了，他所愛的某個人，也許是他的媽媽自殺了，可能是因為貧窮

（註）霍克，改變心理學的40項研究〔M〕，白學軍等譯，人民郵電出版社，2014：317-321。

而自殺，他已經是一個懂事的孩子了，明白眼前發生的一切，他也想自殺。但他畢竟是一個孩子，沒多久就振作起來了。」

　　一名 35 歲的初中老師說：「這幅畫的主角是一個沒有犯罪卻被判有罪的人。他否認自己犯過罪，並且在法庭上一遍又一遍地抗爭，但最終放棄了。現在他已經筋疲力盡，抑鬱而絕望，做了一支玩具手槍企圖逃跑，但他知道這沒有用。」

　　一名 16 歲的中學生說：「一個女孩可能正在和他的兄弟玩捉迷藏的遊戲，她正在連續報數，從一數到十，很憂傷也很疲憊，因為她從來都沒有贏過，但又不得不玩。在此之前，男孩子們似乎在這兒玩過其他的遊戲，因為有一把玩具槍。」

　　在這個測試的不同表述中，我們很容易看到每個人的主觀地圖有巨大差異。雖然製造出這種差異對治療師來說，是理解測試者的重要依據。但如果這是在一個事務性的溝通中，我們就需要確認到底圖片中發生了什麼，就需要大家都能夠使用事實性陳述，避免主觀帶來的偏差，來展示這張圖片的「現實地圖」。

一個男孩坐在地板上背靠著長沙發，頭斜靠在右臂上，捲曲著身子，在他旁邊的地板上有一個形似左輪手槍的東西。

　　這是與這張圖片的「事實性陳述」最接近的「現實地圖」，而其他幾位測試者進行的都是「觀點性陳述」，更偏向反映了自己的主觀地圖。

　　事實是主觀地圖和現實地圖的切換鍵，決定著我們的對話是走向對方的內心世界，還是走向現實的問題探討。分清事實和觀點能夠更瞭解別人的意圖，也能更加客觀地分析問題。越是能夠分清這兩者的人，越不會輕易被別人的意見左右，同時也越不會對他人和現實產生不切實際的期待和幻想。事實性陳述，是職場溝通最重要的基礎。

　　從依賴「我」的主觀經驗，到澄清「我們」共同理解的事實，並非是要消滅心靈地圖的差異性、忽略內在感受，或扼殺想像力。而是為了把注意力集中在澄清現實中發生的問題，盡可能地還原事實，才能得出客觀的判斷和結論，並且推進現實問題的解決。

3-4
對話的 5 大核心
「事實原則」

1. 保持好奇原則

好奇就是要避免經驗主義、先入為主。即使你是某個領域的專家或權威，也不可以自認已經瞭解「現實地圖」的全貌，更不能自以為是地認為自己的「地圖」就是最客觀的。我們要永遠對別人的「主觀地圖」保持好奇，並且嘗試站在對方的角度，去理解對方的地圖形成的原因。

2. 現實驗證原則

我們要努力以觀察、實驗和科學結論、公認標準，來驗證陳述內容的現實性，懂得實踐是檢驗真理的標準。養成獨立思維和批判性思維的習慣，以避免崇拜權威，盲目從眾，也要努力避免自己的內隱記憶造成對現實的扭曲。

3. 還原事實原則

在對話中，對於對方陳述的內容，我們要養成還原事實的習慣。經由還原發生的情境、還原具體的細節、還原真實的意圖等方式，盡可能獲得可證的事實，而不要停留在無休止的主觀猜想和觀點之爭上。

4. 表達事實原則

在對話中，要能夠清晰地區分自己想要表達的事實和觀點分別是什麼，分辨這兩者之間的差距。為了讓對方更理解、避免爭執，要學會講能夠幫助對方理解的事實，準確地傳遞可以讓對方產生共鳴的情感，以及在恰當的時機基於事實陳述觀點。

5. 不斷更新原則

我們對世界的看法，會隨著內在心智的不斷反覆運算而發生改變。更新自己的認知和體驗，就是不斷更新我們內在的「心靈地圖」，同時也讓自己對事實有更深刻、更全面的理解，從而拓展自己對「現實地圖」的探索，豐富我們的人生。

第 **4** 章

藉口說多了，以為是真的？
事實勝雄辯！

4-1
做出事實陳述，
會讓誤會及失誤少 99%

　　無法區分事實和觀點，是溝通中一個非常重要的障礙。很多時候，我們以為是在討論事實、就事論事，其實是陷入了觀點之爭。如果在溝通中，出現了大量情緒衝突的問題，幾乎可以斷定雙方已經離開了事實，各自進入了自己的主觀世界。無論你們爭論的樣子看上去有多麼證據確鑿、邏輯嚴謹，那不過都是字面上的語言遊戲罷了。

如何做出「事實陳述」

1. 事物：客觀存在的物體與現象

　　人們在溝通中容易出現以下 4 種問題。

(1) 是否對事物做準確描述

模糊陳述：「請採購一批電腦。」

事實陳述：「請採購 10 台聯想 14 英吋配置是 4 核處理器的電腦。」

限定必要的數量、樣式、配置標準等才能確定。

(2) 是否對事物的定義、內涵理解存在分歧

模糊陳述：「吃點營養品。」

事實陳述：「吃點西洋參。」

專業人士和一般人，對營養品的理解程度不同。

(3) 是否可以經過現實驗證

模糊陳述：「昨晚我看到流星了。」

事實陳述：「昨晚 22 點，我在天空西南方看到流星。」

加上時間、地點等可現實檢驗的條件，可對現象進行確認，以免由於其他原因誤認。

(4) 是否可以得到證實

模糊陳述：「新型冠狀病毒會在空氣裡傳播。」

事實陳述：「氣溶膠傳播是新型冠狀病毒的主要傳播方式之一。戴口罩、勤通風、少聚集、勤洗手，可有效防控新型冠狀病毒傳播。」

可經由觀察、權威媒體報導、資料研究結論等達成公眾認可。

2. 事件：社會上、生活中發生的事情

(1) 落實情境，加上時間、地點、人物、具體事件

觀點陳述：「主管又故意下班後發訊息。」

事實陳述：「我每週有四次，在下班回家後，收到主管發給我有關工作的訊息。」

(2) 以事情經過、人物具體的語言和行動，來表述事實

觀點陳述：「開會的時候主管生氣了，所以要我別說了。」

事實陳述：「開會的時候，前三個同事的發言都表達得很不清楚。我一開口也緊張了起來，說得有點慌亂，主管這時讓我別說了。」

3. 事態：局勢及情況等變化的趨勢

(1) 增加數據、衡量標準等具體訊息依據

觀點陳述：「我們公司的業績越來越好了。」

事實陳述：「這一年來，每個季度的業績都有 10% 的增長，在同行業的增長中排名前三，比去年同期數據，增長了 200%。」

(2) 增加具體或可觀察的行為、語言、事件

觀點陳述：「本部門的實習生越來越有自信了。」

事實陳述：「這個月開會的時候，本部門的實習生每次發言都很積極，內容清晰明瞭，能表達自己的觀點。」

小練習

學習陳述事實

嘗試對以下的情況，類比真實工作情境，做出事實陳述。

(1) 你要跟同事表達你現在手頭很忙

(2) 你要跟下屬表達這個專案做的有問題

(3) 你要跟主管表達你遇到了一個困難

請你寫出想表達的內容，然後根據本節內容進行判斷，挑出不符合事實陳述的部分，把它改寫成事實陳述。

如何識別「觀點陳述」

1. 認知上的定論

　　應該：「內向的人就應該多練習說話。」

　　對錯：「只有你是對的，才能說服別人。」

　　評價：「理工科男生就是不太會溝通。」

　　結論：「一個人的溝通能力是無法改變的。」

　　和「應該」「對錯」「評價」「結論」相關的，都是認知上的定論，即便看上去類似於事實，但這些都是觀點表述。真實的世界真偽難辨，每個人的認知都有局限性。

我們要用開放的眼光看待自己的認知定論，並在他人的認知定論，乃至權威和媒體公佈的認知定論面前，學會保持對事實的獨立思考和判斷力。

2. 並未公論的標準

個人標準：「這個申請流程要 5 天時間，太長了。」

隱藏的觀點：「我認為申請流程的時間長。」

流程 5 天是否合理、是否太長了、事實的依據是什麼（法律、法規、行業準則）？我們要學會把個人的感受和觀點，放在現實的規則中去檢驗、比對，而且不能盲目相信專家、有經驗的人，以為他們所表述的就是事實。

3. 帶有事實的因果和假設

因果：「他有執照，所以是專業的。」

隱藏的觀點：「有執照才是專業的。」

假設：「如果不加班，業績肯定不好。」

隱藏的觀點：「加班是提高業績的唯一方式。」

這些帶有事實的因果和假設，乍聽可能很有道理，但其實只是個人的觀點。你不難發現，有時候即使是事實的陳述，也會夾雜觀點和偏見。包括媒體中出現的各種聲

音，即使是商家、媒體大肆宣揚的事實，也可能是包裝過後的觀點。

4. 帶有事實的指責和抱怨

指責：「這一次業績沒達成，都怪你的大客戶訂單流失了。」

隱藏的觀點：「業績沒達成，是因為你的大客戶訂單流失造成的。」

抱怨：「老闆開會從來不表揚我們部門。」

隱藏的觀點：「老闆不喜歡我們的部門。」或者「老闆不公平。」

指責和抱怨經常偽裝在事實背後，並且有一種強烈的情緒傾向，容易讓接收到這個訊息的人信以為真。學習在傾聽中熟悉指責和抱怨的「氣味」，可以幫助我們有效地保持對事實的判斷力。

5. 帶有個人心裡事實的陳述

對事的主觀判斷：「急死我了，這個事耽擱了。」

隱藏的觀點：「我認為這件事耽擱了。」

對人的主觀判斷：「他無緣無故發脾氣，不顧及我的感受。」

隱藏的觀點：「我認為他發脾氣是沒有原因的，他對我發脾氣就是不顧及我的感受。」

　　因為沒有事實進行對照，只能判定為是個人對事實的主觀判斷。「無緣無故」是個人對他人的主觀判斷，「不顧及我的感受」也是個人的主觀感覺。雖然這些判斷和感覺，在表達者的內心世界裡，的確是非常真實的感受，但仍舊不是客觀事實，這都需要回到現實中檢驗。

> **4-2**
> # 多使用圖表、數據，
> # 更有說服力！

多使用圖表、數據等客觀事實

　　每月例會上，公司除了回顧業績以外，還要對客服工作做一次整理。

　　客服部經理先發言：「這個月產品問題很多，根據客訴的訊息來看，有品質本身的原因，也有銷售員跟沒跟客戶說清楚使用方式的問題。」

　　生產部門馬上說：「品質的問題是由於這個月生產線新人太多造成的，這個剛才我們都解釋過了。」

　　銷售部說：「我們都對客戶該說的都說清楚了，怎麼說是我們的問題呢？」

結果，客服部還沒說完，就惹得相關部門都心生不滿。要改變這種局面，我們必須學會用數據來說話。

客服部經理原可以這麼處理。先說：「本月我們接到的客戶諮詢電話 100 通，諮詢信件有 240 封。數量都比上個月提高了 50%。其中本月由於產品品質問題帶來的投訴電話是 10 通，比上個月多了 7 通。在信件中，反映產品品質問題的佔 30%。客戶對我們的整體滿意度比上個月下降了 20%。」

說完，再播放反映品質的來電錄音、投影諮詢信件截圖，這就足以解決部門之間溝通誤會的問題。

我們發現，用數據來表述事件，比使用自己的結論、觀點來表述更清晰、更直接，還能避免誤解。從管理的角度來講，也更容易發現問題、對事不對人，為有效解決問題奠定了良好的溝通基礎。

進入他人的情景進行表述

某天清早，一位求職者去面試，出了地鐵站後不知道該怎麼走，只好打電話向 HR 求助：「請問，我剛出地鐵，怎麼才能到貴公司呢？」

HR 說：「你在○○路往東，第一個路口右轉，500 公尺處，馬路西邊的大樓就是了。」

　　面試者一邊迅速辨認著「上北下南」，一邊在電話這邊小聲複述。

　　HR 感覺到了電話那頭的求職者暈頭轉向，馬上換了個說法。

　　「你從地鐵 3 號出口出來，面向太陽，順著馬路邊一直往前走。走到第一個有紅綠燈的地方，看見麥當勞，再往前走一點，就能看到公司的招牌了。」

　　「好的，我明白了！」面試者即刻出發了。

　　剛才這位 HR 顯然是在給一位正在走路的面試者指路，他進入對方「從地鐵 3 號出口出來」的情境裡，所表述的內容，就會特別容易讓對方理解。進入對方的情境，會更加接近對方的心理現實，有助於對方理解，從而達成溝通的目標。

小練習

給對方「指路」時，該怎麼說？

如果這位HR站在辦公室22樓的窗戶旁，給正在開車的面試者指路，引導其進入大樓的停車場，他又該怎麼說呢？

> ## 4-3
> # 把專業的語詞，
> # 用白話文闡述

　　10 年前，我在百度公司負責一線行銷人員的培訓工作，工作的內容是訓練銷售人員能夠針對不同的客戶，調整講話的方式，高效達成交易。在大量的訓練實踐中我們發現，每一次成功的溝通，都是因為銷售人員與客戶調整了「頻道」。

　　影響溝通的 4 個頻道分別是語言的頻道、情感的頻道、觀念的頻道以及心智的頻道。

1. 語言的頻道

　　溝通要使用語言，每個銷售人員都能掌握一些經典的產品介紹方法。那些能促進成交的行銷用語，都是經過反覆琢磨，非常有效的說法。然而，我們經過長期觀察發

現，這些語言並不是最打動客戶的部分。也就是說，行銷用語背得最好、說得最清楚流利的，不見得是成交率最高的銷售人員。

2. 情感的頻道

於是，我們透過語言，開始探索其背後的交流頻道，首先找到的就是感受。業績好的銷售人員，往往是因為用對了溝通的另一個頻道，也就是情感的頻道。

例如，經由表情傳遞友好、經由舉手投足傳遞自信和專業、善於聽出客戶的言外之意，恰到好處地傳遞熱情和值得信任的感覺等等。這些情感訊息，遠遠超越了語言本身在溝通中的用處。

3. 觀念的頻道

在情感的背後，還有一個更具影響力的頻道，那就是觀念的頻道。銷售高手都會把產品中最能打動客戶的那個價值點找到，並準確傳遞給客戶。

在溝通中，觀念的頻道對達成共識意義重大，可謂三觀一致，情投意合。價值觀還決定著我們對他人的態度，影響著表達時給對方的感受，所以說，觀念頻道是表達背後的隱形推手。

4. 心智的頻道

此外，在你的心靈深處，還有一個心智的頻道。它決定著你的自信心、界限感，和自我認知水準。一個人若無法擲地有聲地表達，往往是因為內心缺乏志在必得的勇氣，如果連自己都無法欣賞自己，也就很難說出讚美他人的話了。

所以，語言的背後是情感，情感的背後是觀念，觀念的背後是心智模式。4個頻道層層遞進，相互影響，共同作用著我們的溝通。如果你學習過有關意識與潛意識的冰山模型，就能更加理解，語言不過是冰山在水面之上顯露出來的那一部分。而情感、觀念、心智卻是一層層地深入水中，越來越靠近我們的無意識部分。在冰山越深處的地方，對我們的表達存有越深遠的影響。

這4個頻道，構成了交互式對話理論中的「語言心智模型」。如何把這個模型，在溝通訓練中的簡單講解清楚呢？

我們可以打個比方，用「治療發燒」這件事來形容訓練溝通。發燒、體溫升高，這是生病的症狀，這就好比你可能說出了不得體的話，跟別人吵架了，這是溝通出現問題的症狀。如果發燒時，我們一味地去退熱，就好像不斷地背那些所謂的行銷用語，想經由「套路」解決溝通問

題。然而，你會發現，這並不能解決根本問題。如果發燒的原因沒找到，這個症狀就會反覆出現。

同樣，如果溝通失敗的原因沒找到，我們的溝通衝突也會反覆發生。發燒的原因可能是身體受了風寒，這好比我們的「情感頻道」出了問題；也可能是因為身體的某些器官出現了病變，這就好比更深入的「觀念頻道」出現了問題；還有可能是因為免疫力出了問題，這就好比「心智頻道」出現了問題。

只有針對病因，找到解決方案，才能徹底退燒。同樣的道理，如果你想要改善說話問題，那麼一定要對更深入的頻道進行訓練，重視內外兼修，才能讓溝通更加有效。

融入對方的語言環境

1. 使用相同的詞彙

不同的詞彙背後，藏著不同的感受、價值觀和處世之道。你要把這些詞彙和背後的意思同步理解，才能融入這個環境。使用相同的詞彙，是在溝通中同步體驗最好的「橋樑」。觀察新接觸的組織、團體、家庭說話時經常使用的詞彙，理解背後的意義，並嘗試使用它們，是良好溝通的開始。

2. 適應節奏和習慣

每個組織也都有自己的溝通節奏和習慣，有的溝通節奏很快，有的要按流程操作。有的人週末不談工作，有的人 24 小時隨時需要回覆。不同的聯絡者、不同的上級有著不盡相同的節奏、習慣，積極適應，並與對方保持步調一致，才可增進交流。

3. 熟悉規則和忌諱

在網路或遊戲公司參加一個重要會議時，可能穿著休閒 T 恤是沒有人介意的，女同事不化妝也不會有人覺得不妥。然而，在日本公司的洗手間，你可以隨時看到補妝的女同事。在公共空間裡要低聲說話，甚至保持沉默，也是日本公司不成文的規則。熟悉規則和瞭解忌諱，同樣可以讓你在溝通中避免尷尬、犯錯。

專業語言的大眾化

很多時候，我們必須說明他人沒聽過的事物，或解釋專業詞彙，但說明了半天對方的表情還可能是一臉困惑，根本沒聽懂。對此，我們總會感嘆：「唉，夏蟲不可語冰。」其實，能讓夏蟲輕鬆聽明白「冰」是什麼的人，才是真正的專家。

國外有句諺語「Say it simple and stupid.」翻譯過來就是，講話既要簡單也要蠢笨。蠢笨不是真的笨，而是一種通俗易懂、深入淺出、讓別人能夠聽懂的大智慧。

1. 尋找大眾化的詞彙

精神分析是心理學理論中最艱深晦澀的治療流派，其內容龐大、分支繁雜，各種專業詞彙縱橫交叉，讓很多感興趣的門外漢望而卻步。

雖然「原生家庭」「依戀」「防禦」等詞已經開始進入公眾的視野，但是想把這一套學問介紹給一般人，還是有一定的挑戰性。很多有智慧的老師會尋找大眾化的詞彙，翻譯出學問的精髓。

例如，張久祥老師在講解防禦機制時，是這麼解釋：防禦機制，就是人行走社會穿的「盔甲」；「投射」這個防禦，就是以己度人；「迴避」這個防禦，就是一朝被蛇咬，十年怕草繩。他將專業術語對應到通俗詞彙，走出了專業知識的限制，讓一般人也能用簡單的方式理解。

2. 轉化成通俗的印象

婦產科男醫生「老六」，是一個在網路上很受歡迎的婦科知識科普作者。最近他出了一本書叫《女生呵護指南》，為了讓科普知識簡單易懂，他想了很多辦法。

例如，用口紅色號來說明經血顏色和健康的關係，用甜甜圈來比擬子宮頸的各種狀態，用西瓜來比擬人工流產的過程等等。當嚴謹精密的醫學知識，變成了身邊常見的通俗體驗，專業開始變得生動且生活化。

3. 尋找相同的規律

　　隨著網路劇的流行，你會發現無論故事的節奏還是劇中人物說話，速度都變快了。對於劇本創作者來說，敘述故事的方式，不再是傳統的單一線索敘事，不再是「一人一事一線到底」。他們會採用多線索敘事、板塊式的結構，於是人物和情境變多了，有限時間內的訊息量也變大了。這很符合現代人節奏快、觀看時間碎片化、資訊接收方式碎片化的特點。

　　同樣地，知識課程也開始搬到網路上了，課程內容同樣變得情境化、碎片化、快節奏化，這也是受現代聽眾的心理特點和收聽習慣所決定的。

　　身為編劇、講師者，可以在這些共同規律上多交流，相信不僅可以引起雙方的共鳴，還可能實現跨界的整合，給各自增添不少新的思路和啟發。

4-4
用「ABC 表達法」練習 10 次吧！

　　學會說話的意義不僅僅是拉近距離、準確表達自己，還包括渴望得到理解、表達自己的期待、有效傳遞建議、合理地表達拒絕，及尋求必要的支持等等更為重要的事。在這樣的一些時刻，如果我們不能順利地說出心裡話，不僅得不到想要的結果，還會導致挫敗感，甚至發生誤會和衝突。

　　在這些有挑戰性的表達情境下，會發現大家常常做一個無效的動作，就是強調自己的觀點。這往往會適得其反，達不到想要溝通的效果，而學會基於事實清晰地表達自己的感受和訴求，才會更加有力。

遞進式表達法（ABC 表達法）

A（affairs）：表達對結果有用的事實陳述。

B（boring）：表達經由這個事實產生的，可以引發對方共鳴的感受。

C（change）：基於事實和感受，明確提出自己的訴求。

1. 講事實

比起觀點、評價、令人不快的結論，陳述事實是一個特別不容易引起衝突的表達方式。事實比較客觀中立，在感受上不帶有主觀色彩，因此不容易誘發對方的質疑和負面情緒。

事實講得恰到好處，不僅能促進雙方的訊息對稱，達成理解，最重要的是，還能讓對方經由這個事實的陳述，產生和你同樣的感受，甚至會改變原有的觀念。講事實的注意事項如下：

● 如果陳述涉及多個事實，要注意順序，從最易理解和接受的開始。

● 要多講對最終訴求有用的事實，少講誘發對方負面情緒的事實。

● 要注意事實陳述和觀點陳述的區別。

- 講事實，要講到對方產生你想要的感受。

2. 講感受

單純的情感表達也比較容易讓人接受，因為情感是一種主觀的個人體驗。當我們不帶評價、指責和對錯，不帶有對他人的攻擊性，僅是表達自己的感受時，能夠讓別人產生共情。講感受的注意事項如下：

- 以「我」開頭來表達，例如，「我感覺……」「我現在……」「我的心砰砰跳！」。
- 可以講自己的情緒感受和身體感受。
- 要留意以感受為名出現的觀點，例如，「我感覺你這樣做不對」「我感覺很受傷」。
- 多講可以激發對方正面情緒的感受，以促進認同。

3. 講訴求

訴求就是你希望怎麼樣、你想要什麼。把握時機提出有效的訴求，可以促進行動和改變。講訴求的注意事項如下：

(1) 訴求要符合你的角色

〔錯誤〕經理，我覺得公司這個規定需要改一改。

〔正確〕經理，公司有關業績考核的規定，使部門員工的壓力很大，我想了兩個激勵員工的方案，想跟您商量一下是否可行。

(2) 訴求要明確

〔錯誤〕希望你能理解我。

〔正確〕我每天很晚才下班，回家後就想休息，不想再聊天了，希望你能理解。

(3) 訴求要具體

〔錯誤〕我們開會研究一下吧。

〔正確〕我們開會把A專案的分工具體研究一下吧。

(4) 訴求要量化

〔錯誤〕請你做一個計畫。

〔正確〕請你每月做一次關於工作量的計畫。

(5) 訴求要正面

〔錯誤〕我希望這個制度不要太繁瑣。

〔正確〕這個制度要簡單，我希望其中的規定不要超過10條。

(6) 訴求要可實現

〔錯誤〕你把煙戒了。

〔正確〕為了自己和孩子的健康，回到家是否能不抽煙，或者能儘量少抽煙。

使用遞進式表達，不踩溝通誤區

1. 用遞進式表達傳遞拒絕

錯誤：使用「定論」表達拒絕

假設你的工作已經很多了，但某位同事還是把一件事丟給你，你又累又生氣，脫口而出：「我現在沒時間！這件事你應該自己做完，能不能別這麼不負責任！」這句話一出口，即使對方理虧，也要為自己維護一下尊嚴：「哪裡不負責任了，我不就是來跟你協調的嗎？這麼計較的話，以後你有什麼事也別來找我。」

應該、對錯、負面的結論、不能商量的結果都是定論。例如，「你應該自己處理」「這是因為你不負責任」「我沒時間」，這些定論都特別容易激起他人的反抗。你本來只是希望捍衛自己的立場，卻造成了對立和衝突，這顯然不是你想要的結果。在大多數非關鍵利益的日常關係中，儘量不要使用這類溝通方式。

正確：用「事實＋感受＋訴求」的方式回應

A 事實：「我手上現在有兩個專案在趕，明天一早要交。你說的這件事，我需要問一下經理，看流程上怎麼安排最好。」

B 感受：「事情太多了我心裡著急。」

C 訴求：「你看，能不能把想要我配合的事情具體

化，我們去問問經理。」

2. 用遞進式表達提出建議

錯誤：使用「評價」傳遞建議

下屬專案執行不佳，你本來想提出一些建議讓他改進，結果心裡一著急，說：「你怎麼搞的，沒腦子嗎？事情做得這麼差。」

「你是個○○樣的人」「你這個做得○○○」這些都是評價。負面評價特別容易傷人，本來是想讓下屬有所改進，結果可能造成他心裡不服氣，或者失去自信心，更做不好了。

正確：用「事實＋感受＋訴求」的方式表達

A 事實：「你這個戶外活動的專案沒有考慮到天氣、人數的因素。有想過萬一出現天氣不好，或者商品不夠賣，怎麼辦嗎？」

B 感受：「我擔心客戶為此不滿意，對你不信任。」

C 訴求：「所以⋯⋯」

可能還沒等你說完，下屬就會說：「那我改進一下。」

3. 用遞進式表達明確期待

錯誤：使用指責表達期待

我們都有過網路購物的經驗，有時難免會出現一些問題，需要找客服解決。例如，衣服買錯了尺寸，你希望能快點換到貨，但心裡太著急下脫口而出：「你們為什麼沒有事先說這件衣服的尺碼偏大？現在買回來了孩子根本沒法穿，馬上就要參加比賽了，這不是害了我們嗎？」

客服聽到後心裡不服，但還是客氣地說：「對不起，您可以退貨，我馬上給您安排退款。」這下你得再下單一次了，因此氣急敗壞地說：「我要給你負評！」

指責特別容易引起對方的不快。即使對方真的有問題，也會變得不願意承認、不願意配合，造成了對立和衝突，這並不是你想要的結果。

正確：用「事實＋感受＋訴求」的方式表達

A 事實：「您好，我購買了一件表演用服，是按照孩子平常穿的尺碼下單。收到以後發現穿起來太大了，下週有個重要演出要穿。」

B 感受：「我現在有點著急。」

C 訴求：「能在下週三前幫我換到貨嗎？」

4. 用遞進式表達尋求幫助

錯誤：使用質疑尋求幫助

在工作中，我們總有解決不了事情，需要上級支援的時候，這時如果說：「經理，您和〇〇部門固定開會，卻很少關心我這邊，是因為最近我這邊新人太多嗎？」話語中充滿各種懷疑、不相信、旁敲側擊，特別容易引起別人的誤會和反感。

你本來是希望被關注，可對方收到的卻是被質疑，那麼他要多麼大度才能夠體會出你的需要，給你想要的支持呢？

正確：用「事實＋感受＋訴求」的方式表達

A 事實：「經理，現在生產線上新人的比例比較高，操作不熟練，導致我們這個月的不良率上升了。我看您這個月比較忙，找了您兩次，您都在企畫部開會。」

B 感受：「我很擔心下個月的生產進度。」

C 訴求：「也想跟您約個時間，談一下我這邊需要支援的事。」

5. 用遞進式表達增進理解

錯誤：使用抱怨尋求理解

每個抱怨的背後，都有一個渴望被理解的心：「我們部門這麼忙，工作已經很多了，但總丟新的工作過來，這

樣合理嗎？」你本來希望自己被理解，卻讓身邊人避之唯恐不及。我們都知道，抱怨是無效的，但還是會不斷重複這個「吃力不討好」的方式。

正確：用「事實＋感受＋訴求」的方式表達

A 事實：「我們人力資源部現在是招聘季，工作量很大，而且馬上要月底了，算績效、發工資，也是我們負責，幾乎每天都在加班。」

B 感受：「這個改裝辦公區的任務，我擔心派不出多的人手去處理這件事。」

C 訴求：「我們希望協調其他部門來幫忙。」

第 **5** 章

網路攻擊、被人誤解怎麼辦？
3 個字要訣！

> ### 5-1
> # 虛懷若谷、順藤摸瓜、
> # 讓子彈飛

在溝通中，我們經常會被對方的描述打動、被對方的故事觸發記憶、被對方的情緒引發各種感受等原因，而錯過了事實。還可能會因為時間壓力、環境嘈雜、溝通媒介的限制等原因，影響到自己對事實的判斷。澄清對方在溝通中傳達的事實，是有效解決問題的前提。

空，虛懷若谷

例如你的下屬前來彙報工作遇到困難：「主任，○○廠商做事很死板，非得一步一步來，很多事情就這麼給耽擱了，我給他的建議也不採用，怎麼辦啊？」

1. 錯誤的打開方式

「做事有規矩是應該的，有問題想辦法解決嘛。」

「別急，他們主管是誰？我去找他們。」

「規矩是人定的，就得想辦法啊！你去問問那邊有沒有熟人？」

「你看你就是情緒化，是不是跟人家溝通沒到位？」

因為我們過多地代入了自己的「假設」，諸如「應該按規矩做事」「找主管或者熟人就可以解決問題」「這個員工肯定是自己沒做到位」等等，都是錯過了對於事實的澄清。

2. 正確的打開方式

「哪裡死板了，你能具體說一說嗎？」

「一步一步是指什麼？現在耽擱在哪個環節了？是什麼情況？」

「什麼事情耽擱了？耽擱多久了？」

「你的建議是怎麼提的，對方怎麼說？」

「空」，是指不帶任何假設和先入為主的偏見，就事論事地提出問題，澄清到底發生了什麼。

貼，順藤摸瓜

例如，你的同事因為工作推進不順利向你求助：「你說客戶到底什麼意思啊？他總是說得很模糊，也不說清楚到底要什麼！」

1. 錯誤的打開方式

「客戶肯定是要回扣嘛。」

「你是不是得罪人家了啊？」

「哎呀，對付這類人的最好的辦法就是直接了當。」

因為我們太快下了結論，代入自己太多的建議，很可沒有瞭解清楚事實，就把談話帶入歧途。

2. 正確的打開方式

「哪句話很『模糊』呢？原話是什麼呢？」

「對方有提過需要什麼嗎？」

「貼」是指用對方溝通中使用的詞語，來進行提問。貼著對方的話，順藤摸瓜打開對方「含糊不清」的表達，尋找更多的事實線索。

你還可以使用下面的提問，來確定自己的理解是否

「貼近」對方真正想要表達的意思。

　　「你說的……是……的意思嗎？」

　　「你說的……能舉個例子嗎？」

　　「我理解的……是……，你的理解是這樣嗎？」

慢，讓子彈飛一會兒

　　例如，下屬因為與同事有口角前來抱怨：「主任，我和他沒法一起工作了，觀點不一致誰也說服不了誰，太影響心情了，要不讓我換個職務吧！」

1. 錯誤的打開方式

　　「工作中觀點不一致很正常，你是不是太敏感了。」

　　「他有他的問題，你有你的問題，你是不是也該反省一下。」

　　「做工作是要解決問題的，不能看心情啊。」

　　因為我們想要很快解決掉問題，於是強行灌注對方大道理、不停地說教，這卻很可能造成對方的逆反情緒。欲速則不達，反而錯失了解決問題的機會。

2. 正確的打開方式

「怎麼回事啊，別急，具體說一說。」

「哪方面觀點不一致啊？你能具體說說嗎？」

「發生什麼事？為什麼沒法一起工作了？」

「慢」是指給對方一些時間，講清楚自己的情緒和想法。你的傾聽過程也能讓對方一邊講述，一邊梳理思緒和平復情緒。要避免按照自己的邏輯去提問、說教，先給對方時間表達，盡可能地讓更多事實呈現。

> 5-2
> # 還原事實、還原細節、還原意圖

問題分析變為還原事實

1. 請問以下對話會有什麼風險

　　下屬：我無法如期完成技術援助計畫。

　　主管：怎麼了，發生什麼事？

　　下屬：有些部門不配合！

　　主管：那些部門為什麼不配合呢？

　　下屬：他們抱怨提交的時間太早，根本沒時間準備。

　　主管：那麼你覺得原因是什麼呢？

　　下屬：那些本來就不是他們的工作，當然不積極。

　　主管：那麼他們的部門主管知道這個情況嗎？

　　下屬：還不知道。

主管：好，我去找他們的主管談談。

很多時候，我們都會詢問事情的原因，而忽略了去確認「到底發生了什麼事情」，即使從對方口中得知原因，也難以避免主觀判斷。這是因為我們一直都有想儘快解決問題的傾向，而常常忽略解決問題的前提，是瞭解發生問題的「事實」。

2. 正確的打開方式

下屬：我無法如期完成技術援助計畫了。

主管：怎麼了，發生什麼事？

下屬：有些部門不配合！

主管：哪些部門不配合？能具體說說看嗎？

下屬：他們抱怨提交的時間太早，根本沒時間準備。

主管：哪天該提交？他們都需要準備些什麼呢？困難點在哪裡呢？

詢問行動變為還原細節

1. 請問以下對話會有什麼風險

下屬：客戶總是不回信、電話也不接，我的工作無法有進度。

主管：你都是怎麼聯絡他的？什麼時候開始連絡的？

下屬：最早是一個月前，最近的一封郵件是昨天寄的，我已經寄過 4 次信了！

主管：你打過電話嗎？

下屬：我昨天就開始打電話，沒用。

主管：我們需要開會討論一下這個問題嗎？

下屬：我覺得需要。

主管：好吧，我們找時間開個會。

　　我們往往追問了對方的行動，卻忽略行動過程中的「細節」（郵件內容是什麼，電話是怎麼打的），所以其實無法判斷，行動是不是有效，以及到底是什麼原因影響了行動。這會導致無效的行動一而再、再而三地重複，這也就是要避免無效溝通的重要原因。

2. 正確的打開方式

　　下屬：客戶總是不回信、電話也不接，我的工作無法有進度。

　　主管：你都是怎麼聯絡他的？什麼時候開始連絡的？

　　下屬：最早是一個月前，最近的一封郵件是昨天寄的，我已經寄過 4 次信了！

主管：你的信上是怎麼寫的？寫了信以後你還做了什麼嗎？

下屬：我從昨天起開始打電話，沒用。

主管：你說的沒用是指什麼？能跟我談談電話溝通的細節嗎？

先入為主變為還原意圖

1. 請問以下對話會有什麼風險

主管：我看你最近有點消極，怎麼了？

下屬：也沒什麼，就是考績拿到了 B，我想不通。

主管：比你預期的差嗎？

下屬：我各方面都做得蠻好，也沒有犯什麼錯，為什麼是 B 呢？

主管：你工作能力的確不錯，這半年的目標也完成了。但是欠缺一些創新的想法，你對自己是不是沒有這方面的要求？

下屬：也許吧。您要是這麼覺得，我也沒什麼可說的。

主管：既然知道自己薄弱的地方，再提升就好。你還是很有能力的，加油。

有時候我們自以為溝通的效果非常理想，對方表面上也認同了談話內容，但事後往往會發現情況並非如此。這通常是因為我們犯了先入為主的錯誤，預先對他人的想法、立場、動機做了假設，然後又按照自己的假設去溝通。對方則由於諸多原因，例如，你太強勢、你是上級、不方便解釋等，而敷衍過去或者言不由衷。

2. 正確的打開方式

主管：我看你最近有點消極，怎麼了？

下屬：也沒什麼，就是考績拿到了 B，我想不通。

主管：比你預期的差嗎？

下屬：我各方面都做得蠻好，也沒有犯什麼錯，為什麼是 B 呢？

主管：能舉個例說說看，對哪件事覺得做得好嗎？至於考績的標準，你是怎麼看的？

小練習

用「3個還原」提問日常對話

請你在日常解決問題的對話中，使用3個還原的提問技術，並整理出你認為非常有效的一些好問題。

(1) 還原事實你可以問：＿＿＿＿＿＿＿＿＿＿＿＿＿＿＿

(2) 還原細節你可以問：＿＿＿＿＿＿＿＿＿＿＿＿＿＿＿

(3) 還原意圖你可以問：＿＿＿＿＿＿＿＿＿＿＿＿＿＿＿

> ### 5-3
> # 用 3 招發現更多的真相，
> # 保護自己！

回顧你的對話來檢驗事實

　　作為心理諮詢師，我們會對自己和來訪者的談話內容做錄音和整理，經由這項最基礎的訓練，在一字一句整理談話文字稿的過程中，我們會發現，竟然有那麼多談話的內容和自己「想像」「記憶」「認為」的並不一樣。

　　原來談話中我們可能會錯過一些重要的內容，誤會一些事實，在一些地方「誤入歧途」。把談話完整回顧一次，是檢驗事實的好方法，也可以訓練自己排除主觀臆斷，將注意力集中於對方所陳述的內容。

　　回顧談話內容，會提升對話中驗證事實的能力，過程中會有更多的新發現。我在進行交互式對話的會議輔導過

程中，會採用以下的會議流程。

(1) 結構式發言

結構式發言是根據會議內容和性質的不同，設計不同的會議發言規則。例如，將會議發言分為幾輪、每一輪都是什麼主題、每一輪中每個人的發言時間是多少。這樣的議程有平均話語權、促進傾聽、提高會議效率的作用。

(2) 過程回顧

結構式發言結束後，要討論的議題就結束了。主持人接著帶領大家對議的過程作回顧，內容包括認為會議的哪個環節特別順利或不順利、自己在哪個環節有收穫，或覺得哪個環節還沒有說清楚，或給大家帶來的改變和促進是什麼。

過程的回顧讓我們可暫時抽離於會議，審視整個會議的過程以及自己和他人的表現。雖然這個環節的時間不長，但對下一次會議效率的整體促進，和自我的提升效果非常明顯。

(3) 總結和計畫

對會議進行總結並確認下一步計畫。在這個環節裡，我們會經常看到在回顧過程中的「意外發現」，對未來的工作產生了重要的價值。

觀察他人的對話

　　高情商的人通常有個習慣，就是愛聽別人聊天。觀察他人是經濟實惠的溝通學習方法，也是反觀自己的一面鏡子。經由對談話的觀察，我們可以歸納出哪些說話方式是受人歡迎的，哪些方式是不被人喜歡甚至會引起衝突的。

　　更重要的是，你可以發現人們在溝通中，對事實理解的偏差是多麼普遍，這些都會讓你在自己的對話中變得更加謹慎。

獲得有效的回饋

　　當說話時身在其中時，很難發現自己的問題，這時我們可經由具體的詢問，來取得回饋。

　　「我的哪一句話讓你不舒服了嗎？」
　　「我剛才的表達清楚嗎？是這樣的情況嗎？」
　　「你願意跟我說說，有哪裡不理解嗎？」

　　不斷對談話內容作回饋和確認，可以有效地避免事實傳遞的偏差。

第 **6** 章

文化、男女……造成的偏見？
尊重的力量！

6-1

每個人的背景不同，
無法一套說法走天下！

　　心理事實千差萬別，這是一個不證自明的事實，卻也最容易被人忽略。一個對話者真正成熟的標誌，是他能夠徹底拋棄「我可以被懂得」「我明白他的意思」的自負，在每一次重要的對話中，都小心翼翼去嘗試表達自己，嘗試理解對方，讓每一次對話都發生真正有意義的互動。

　　「世上沒有兩片相同的葉子」。不同的經歷背景，性別年齡，處於不同的文化環境的人，其心理事實會有巨大的差異。即使同一個人的心理事實，也處於變化之中，就像古希臘哲學家赫拉克利特（Heraclitus）所說：「人不能踏進同一條河兩次。」所以，謹慎對待心理事實的不確定性，是溝通成功的關鍵。

每個人的背景都不同

對於「什麼樣的方式更能激勵員工產生績效」這個問題，不同行業、不同規模、不同背景出身的員工，其個人經驗和理解存在很大差異。

對於人員密集型的銷售團隊，如保險公司、電話行銷團隊、房產仲介業的員工來說，良性競爭、累進式獎金激勵是很有效的措施。而在網路公司、設計公司的員工，則更傾向於成就感、寬容的工作時間、更加平等的工作氛圍對員工的激勵價值。

在製造業，安全的工作環境、穩定的薪酬政策、人性化的加班政策，會被管理者認為是激勵員工的根本。而在一個高速發展、不斷變化的網路遊戲公司裡，這些保證運轉的規章制度，會被員工和管理者解讀為對績效的最大束縛。

這些心理事實的差異，並非是經由理論學習可以改變的。跨行業、跨專業的管理者之所以出現很多不適應，並不是他不能理解、不想學習新的管理方式，而是心理事實的改變，一般來說需要相當長的時間。而改善的策略是什麼呢？

● 理解和尊重心理事實發生改變需要時間。

- 在溝通前，確認背景差異是否會影響理解。
- 多介紹各自的背景，補充相關的資訊。

專業高度分工造成的溝通不良

專業化分工帶來效率提高的同時，也不可避免地帶來了溝通的阻礙。例如，業務部門的主管提出，讓培訓部開發一門提升銷售技巧的課程，希望下週就能上課。但培訓經理很難輕鬆解釋清楚，內化一門標準培訓課程的過程，是複雜且需要時間的。

而人力資源經理對業務部門解釋，招聘的複雜過程、面試流程本身對甄選員工的價值，以及降低流失率影響的時候，業務部門可能覺得沒這個必要，先招進來試試就好。

同樣，業務部門對人力資源部門和培訓部門提出，要進行銷售團隊數據化管理的轉型，實施銷售數據漏斗管理，因此對部門人員的能力和素質都提出了新的要求。但人力資源和培訓部門很難立即搞清楚，數據化管理、漏斗管理到底是什麼？當部門、機構、行業都變得越來越專業，其實在無形中也同時加大了溝通的成本。

就好像割裂的一個個部分，無法實現互通和整合一樣。兩個不同專業的人，在溝通的時候，似乎自然地站在

兩個不同的世界，越專業、越漸行漸遠。而改善策略是什麼呢？

- 把解釋清楚作為自己的責任，而非嫌棄對方不專業所以聽不懂。
- 多使用視覺化、打比方等方法，深入淺出說明問題。
- 多傳遞能幫助對方能理解的訊息，儘管你可能認為這些訊息都是常識。

代際之間的差異越來越大

社會的飛速發展，導致兩代間存在非常大的生活體驗差距，價值觀也面臨多樣化的衝擊，由此帶來代際之間心理事實的巨大差異，這種差異歸根究底來說，是心智模式不同造成的。

自我意識提高是新生代最典型的心智變化，具體表現為自我評價顯著提高，對自己在團體中的作用和位置更加要求，自我訴求和權利意識也增強了，更關注自我感受和自我實現。

這種自我意識的提升，在溝通中的典型表現就是不願意被灌輸、被說教。喜歡自己做主、自己得出結論、按照

自己的想法去操作，他們「評價標準的多元化」也會讓前輩們無所適從。

　　年輕人由於在成長過程中得到了許多自我肯定，他們更願意傾聽和相信自己「內在的標準」，這也常會造成溝通的衝突，這些都是心智模式差異的表現。而改善策略是什麼呢？

- 儘量不要求對方做改變，尊重彼此，嘗試理解。
- 工作中努力依據組織的需要調整，保持與時俱進。
- 多尋求交集，避免過度控制和過度期待。

兩性間的差異與生俱來

　　男女之間存在天然差異，對現實的理解和處理問題的方式也大不相同。例如，遇到難題時，男性希望能夠排除一切干擾，他們在有壓力的時候喜歡「一個人待著」。例如，玩玩手機，看看電視劇，他們轉移了注意力，大腦就不再牽掛那些煩心的事了。有時候他們還會去做運動，在運動中壓力也隨之釋放，能使他們恢復精神力氣。

　　這在女性看來是「不再重視我了，有事不願意跟我說」。因為女性在面臨困境時，和男性的反應不一樣，喜歡找人談面臨的困境，抒發自己的感受。她們似乎並不急

於解決問題，而更在意訴說問題的過程。

　　女性不覺得遇到麻煩或者解決不了問題，是什麼「見不得人」的事，反而覺得有人願意傾聽和陪伴，是因為自己有人緣、有人愛。男性和女性之間這種天然的「誤解」還有很多，經常造成溝通的衝突。而改善策略是什麼呢？

- 多多學習和理解兩性的差異。
- 學習針對異性的溝通技巧，例如，多誇獎男性、多安慰女性。
- 在溝通中，能夠使用彼此的優勢，截長補短。

文化差異無可避免

　　跨文化的差異廣泛存在於生活和工作的各方面。在外資企業中，這種衝突尤其隨處可見，例如，在中國的一家日企公司中，經常會聽到中國員工抱怨：「部門出來聚餐，為什麼我們付的和經理一樣多？主管不是應該意思意思多出一點嗎？」而日本主管很委屈地表示：「不是要AA嗎？難道這樣不是上下平等的表現嗎？」同屬東方文化的員工之間，都有如此多溝通上的摩擦，更何況國家文化差異更大的雇員之間。

　　語言的背後是情感，情感的背後是價值，價值的背後

是角色認知。而影響角色認知的，是一群人的精神信仰和
生活方式，這被稱之為文化。文化決定了一群人對某一個
「角色」的理解。當這種理解存在差異，溝通的衝突就一
定會產生。而改善策略是什麼呢？

● 溝通的前提是尊重，基礎為理解，彼此欣賞更能找
出共識。

● 遵從「屬地原則」，儘量配合溝通所在地的文化。

● 不要簡單地認為，就事論事可以解決跨文化的溝通
問題。

6-2
避開 6 種偏見，
你的溝通才能順暢

盲人摸象，受角度影響

大家都聽過盲人摸象的故事吧！我們看待事情的角度、位置不同，自然會對事實有不同的觀察和理解。「兼聽則明」，就是提醒我們在溝通中要多方面瞭解事實，並對自己所看到、所聽到、所理解的事實，保持一定的開放性。

失斧疑鄰，受偏見影響

從前有個鄉下人丟了一把斧頭，他懷疑是鄰居偷走的。於是他觀察鄰居走路的樣子，覺得對方像是偷斧頭

的；看他的臉色表情，也像是偷斧頭的；聽他的言談話語，更像是偷斧頭的，那人的一言一行，一舉一動，無不像是偷斧頭的。

過了一陣子，那位鄉下人某天在山間挖地時，找到了那把斧頭。再留心觀察鄰居後，覺得他走路的樣子，不像是偷斧頭的；他的臉色表情，也不像是偷斧頭的；他的言談話語，更不像是偷斧頭的了，那人的一言一行，一舉一動，都不像是偷斧頭的了。

這則寓言說明，主觀假設是認識客觀事實的障礙。人還是那個人，行為還是那個行為，因為你先入為主的假設，而導致自己做出了不同的判斷。當人以成見去觀察世界時，必然會歪曲客觀事物的原貌。

杯弓蛇影，被誤解影響

一個人去朋友家做客，正舉杯痛飲，無意中瞥見杯中似有一條游動的小蛇，但礙於眾多客人在場，他硬著頭皮把酒喝下。回到家後就一病不起，感到全身不舒服，覺得那條蛇在肚子裡作怪。

他的朋友得知病情後，思前想後，終於記起家中牆上掛有一張彎弓，猜測這個人所說的蛇，一定是倒映在酒杯

中的弓影。於是，再次把客人請到家中，邀請他舉杯。剛舉起杯子，牆上彎弓的影子又映入杯中，宛如一條游動的小蛇，他頓時驚得目瞪口呆。「噢，原來是這樣啊！」他的病也隨之而癒。

但成人以後，我們仍然經常會由於一些誤會，對事實進行誤讀，甚至形成扭曲的認知。這些錯誤的記憶與經驗的提煉，會對我們之後的溝通產生非常大的影響。要再經由一個「現實檢驗」的機會，才有可能改變。

掩耳盜鈴，是忽略現實

掩耳盜鈴是大家從小就熟知的故事，在此就不贅述，雖然我們都覺得這種行為很荒謬，但其實並不少見。尤其一個人經歷過創傷後，就會產生類似的防禦行為。

例如，喪失親人者，可能會完全無視對親人離去的事實，還保持著親人在世時的行為方式。又例如，抑鬱傾向的人，對現實中美好的事物會自動忽略，更傾向於看到悲觀或者不好的事實，這些現象何嘗不是掩耳盜鈴。

刻舟求劍，每個人都有刻板印象

「刻舟求劍」也是一個不可思議、但每個人身上的確存在的心態。我們內心裡難免會有一些刻板印象、會給他人貼標籤、有一些固有的標準。當我們不能夠及時更新這些「記號」的時候，就會像盲目「刻舟」的人一樣，只按照死板板的記號，去理解當下所發生的事實，而這往往是和現實相違背的。

紙上談兵，理論不等於實踐

戰國時期，趙國有一名大將名叫趙奢，屢立戰功，被封為馬服君。趙奢的兒子名叫趙括，自小學習兵法，談論用兵打仗頭頭是道，他與父親趙奢討論用兵打仗時，連父親都無法駁倒他，但也不因此讚美他。

趙括的母親覺得很奇怪，就問趙奢其中的原因，趙奢很擔憂地說：「打仗是生死攸關的事，兒子雖然熟讀兵法，但是沒有實戰經驗，只會紙上談兵，將來若是率軍打仗，恐怕會遭到慘敗。」

果然，一次趙括到了前線，變更全部軍規，輕率地任用軍官，用書上所學的理論與秦軍展開正面交鋒。結果因為不懂變通，中了秦軍的埋伏，趙軍四十餘萬全部被俘。

趙國因此元氣大傷，不久被秦滅掉。

　　我們學習了很多理論知識，看了很多小說、故事，或者道聽塗說了一些事情，在頭腦中會構建出很多事實，但這和親身經驗畢竟不同。在頭腦中建構的事實，還需要放回到現實中，去親歷、去體驗，才可能對解決問題產生真正的價值。

6-3
用成年人的方式理解現實世界

　　成年人和孩子有著不同的心理世界，所以對現實世界的解讀也不一樣。而社會是以成年人的思維方式、情感模式、處事規則建立起來的，對事實的理解和解讀，也是成人化的。當我們的內心裡，還有「兒童心理世界」的時候，對現實世界的解讀會出現偏差。

兒童的心理世界：萬能的自我

1. 無條件地需要被保護

　　在人類生命的最初階段，也就是嬰兒時期，需要被無條件地保護。有食物供給、溫暖的擁抱、安心的環境，嬰兒才能感到安全。隨著年齡的增長，小小孩帶著這份安全

感，開始探索更大的社會空間。一開始，他的探索可能只是樓下的一個花園，接著走進了幼稚園，再接著進入小學，嘗試一個人的旅行和「離家出走」，直到可以獨立走入社會，面對更廣闊的世界。

2. 無條件地需要被關注

孩子從小就需要被關注，這不僅確保需要能被滿足，還能幫助他們不斷增加自我確定感，因此，最初的「自我」是經由他人的回應和關注，來不斷建立與確認的。例如，我的要求被回應了、我的需求被滿足了、我被溫柔地對待著、我被欣賞的目光關注著，從而孩子在這些關注的累積下，凝聚出自我價值感。

3. 無條件地需要被負責

孩子是沒有辦法全權為自己負責的，監護人就是為他們負責的主體。到了學校，老師也成為他們的監護人。他們甚至不知道，什麼是需要自己去承擔的，也不會考慮行動的後果。隨著孩子一點點成長，慢慢獲得主體感，隨之而來的就是自我負責的精神。從自己穿衣服、收拾書包、做家務、為自己選擇書籍、自己選填志願，直到為自己的人生負責。

在這個過程裡，他們對關係、責任、界限等開始形成

判斷，這些判斷直接影響著他們對現實世界的人際現象和
社會行為的理解。

4. 無條件地需要被認可

　　青春期是我們依靠他人到依靠自己的過渡期，這個時
期總會有很多震盪。如果父母在孩子的童年期，所給予的
心理能量不足，缺乏必要的關注、認可，或者父母本身仍
保有很多孩子氣的行事方式，無法負起作為父母的全部責
任，那麼孩子的成年化過程就會困難重重，會格外需要向
外界尋求認可、尋求關注，無法為自己做決定，無法為自
己的選擇負責。他們看待世界、理解世界、解讀現實的方
式，會依舊停留在兒童時代。

成人的心理世界：社會的自我

1. 保護自己與適度妥協

　　成年以後，我們不再一味地尋求外界保護，而是學會
保護自己。從衣食住行到人際交往，人們建立自我的界
限，學習去維護自己的權益，同時也會尊重他人的利益，
即便為自己爭取利益，也會適度對他人做出妥協，關注他
人的需要。

　　成年人知道沒有人會像父母一樣無條件地滿足自己，

所謂：「不幫我們是本分，幫助我們是情分。」於是開始自己努力去滿足需要，和別人建立友誼、交換價值。也漸漸能關注他人的需要，這不僅僅是為了實現目標，也是一種成熟的表現。

2. 接受自己的不完美

　　成年人不再認為自己是全能的，知道自身的優勢，也知道自身的侷限。懂得量力而行，接受自己的不完美，不再妄自尊大，也不會妄自菲薄。於是不再那麼需要經由外界的認可和標準，來判斷自己的實力和行為，對現實形成獨立判斷的能力。

3. 形成自發的動機

　　能成為一個具有「自由意志」的獨立成年人，本質上就是實現了自我負責。自己做決定、自己承擔後果，知道需要付出哪些努力，也知道要付出哪些代價，自動自發地為自己工作，創造屬於自己的生活。

　　但並非成年後就只具備成人的自我，兒童時期的自我也會在人格中佔有一定比重，因此也有需要被關注、被認可的時候。相反地，孩子有時候也有「小大人」的一面。

在溝通中辨別談話者的內心狀態

我們會向最親近的、信任的人，展露自己「孩子氣」的一面，在溝通中撒嬌或耍任性。但是在工作中，當然要努力保持成年人的溝通狀態，因此我們可以在對話中，識別一個人的內心狀態是否夠成熟。

1. 語言的絕對化

一個人的語言中若出現大量的絕對化，表示還處於偏執的孩童狀態，對事實的判斷也會陷入非此即彼。

「你一定是……」

「我從來不……」

「你就應該……」

2. 語言的責任感

責任感是成人狀態與孩童狀態的分水嶺，一個人若能負責任地說話，就可以成熟看待現實，對事實的掌握也會相對準確。例如孩童的表達是這樣：

● 逃避式表達

「這是規定，我沒有辦法！」

「這件事你可別找我！」

「這件事和我沒關係！」
- 被動式表達

「我不得不……」

「我必須去……」

而成人的表達會是這樣：
- 承擔式表達

「我們來想想辦法……」

「這件事我能做的部分是……」
- 主動式表達

「我決定……」

「我選擇……」

3. 語言的動力方向

　　溝通是為了解決問題，解決問題的確需要尋找原因，但若無止盡地探究問題、責任或原因，會陷入把責任往外推的傾向。能面對未來、採取行動的人，更能顯出具有成年人的力量。

- 問題導向的表達

「出了什麼問題？」

「這是為什麼？」

「究竟是什麼原因造成的？」

「這是誰的責任？」

● 資源導向的表達

「我想要什麼？」

「我怎樣能做能達成結果？」

「我有哪些可以用的資源？」

「我可以尋求誰的幫助？」

第 **7** 章

為何說沒兩句就容易上火？
卸下武裝吧！

> **7-1**
> # 解除自我防禦機制，
> # 你才能無話不說！

聚焦事實，打開現實地圖要求我們：保持現實驗證的能力，避免主觀臆斷，尊重人與人之間的差異。同時避免內隱記憶給自己帶來的「想像」干擾，成為理性的問題解決者。

這需要我們提升兩方面的心智力量，一個是改善自己不成熟的防禦機制，避免對現實的歪曲；一個是拓展自我的內感官頻道，更豐富地理解和體驗他人的「心靈地圖」。

心理防禦機制（psychological defenseme chanism），是指個體面臨挫折或衝突的緊張情境時，在其內部心理活動中，具有的自覺或不自覺地解脫煩惱，減輕內心不安，以恢復心理平衡與穩定的一種適應性傾向。

　　防禦機制的積極意義，在於能夠使主體在遭受困難或挫折後，減輕或免除精神壓力，恢復心理平衡，甚至激發的毅力克服困難，戰勝挫折。但主體也可能因壓力的緩解而自足，或出現退縮甚至恐懼，而導致心理疾病。過度地使用不成熟的防禦機制，會阻礙自己的成長。

　　不同的防禦機制，猶如不同的編劇，會針對所面對的現實，在內心裡編寫出不同的劇情。

1. 缺陷型故事

　　當你聽到內心有以下這樣的聲音時，你的缺陷型故事就上演了。

　　● 受害者的聲音：「這不是我的錯，為什麼受傷的總是我？」

　　● 失敗者的聲音：「嘗試也沒有用，我試過了根本不可能！」

　　● 自我懷疑的聲音：「這樣可以嗎？這次一定又不會成功的！」

　　●匱乏的聲音：「沒了、不夠、怎麼也不夠！」（錢、時間、健康）

　　● 躲藏的聲音：「最好什麼也別做，最好別看見我，我不要參與。」

● 取悅的聲音：「他會開心嗎？會喜歡嗎？」

當你面對這些聲音時，會變得很脆弱，沒有安全感。我們通常會使用以下的防禦機制，讓自己感覺舒服一些。

(1) 投射

我們對自己的態度，會藏在對他人的態度裡。你可能會把情緒衝動、願望與慾望，歸結到另一個人身上，或把自己內心承受不了的感覺，讓其他人來承載。就如同我們常說的「以小人之心度君子之腹」、被害妄想等等。在網路遊戲中，我們還會把內心的攻擊性，投射在遊戲中的人物身上。

(2) 拒絕接受

經由直接否認讓內心不至於崩潰，就當沒發生過，是對自己脆弱的保護。有些人則經由「隔離」的動作來拒絕，好比建了一道防火牆，把無法駕馭的情緒和事情分開，告訴自己對這件事沒感覺。或是把內心否定的東西，包裝成另一個極端表現出來，例如，越是無法放棄，越說是自己不想要；越是自卑，越要吹噓自己。

(3) 攻擊自己

攻擊自己是把負面情緒轉移，並發洩到自己身上。但有時這種對自己的攻擊，是用來引起他人的注意，來影響和控制別人。例如，經由示弱對別人進行軟控制、藉由生

病讓別人來照顧自己、經由失敗來攻擊父母。

當我們有力量、對自己夠真誠時，就會聽到自己的這些缺陷型聲音，覺察到這些傷害自己的做法。想要有所改變並不容易，如果覺得很困難，可以尋求專業的幫助，去慢慢改變自己內心的這些對話。

2. 衝突型故事

當你的內心有以下這些聲音時，內心衝突型的故事就上演了，你的語言此時必然也會持槍帶棒，充滿「火藥味」。

● 不公正的聲音：「憑什麼這樣對我，這個世界就是不公平，沒人守規矩！」

● 災難化的聲音：「一定會出事，完了！這樣千萬不行！」

● 比較的聲音：「為什麼他有？他有什麼了不起，我比他好，他憑什麼這樣！」

● 批評的聲音：「這是不對的，怎麼能這樣呢？為什麼不這麼做呢？」

● 佔有的聲音：「這是我的，必須聽我的，按我說的來，這由我來決定！」

衝突型的聲音，一般會讓我們採用以下的防禦機制，來讓自己獲得暫時的平衡。

(1) 理性化

給自己找個藉口、換個角度，重新把問題定性。很多心理承受力低、但智商高的人士，會採用這種防禦機制，經由不斷學習來緩解焦慮也是這個思路。採用某種理論來事無鉅細地指導自己的生活，也是一種理性化的防禦機制。例如，過度使用星座來解釋人，或過分依賴某一個科學觀點去刻板地生活。

(2) 壓抑

把不想面對、不能解決的衝突壓抑下去，或者用一個理想化、不切實際的目標或者情懷，掩蓋自己壓抑的衝突。例如，用詩和遠方逃避眼下的苟且。

(3) 認同

尋找一個榜樣是認同，歸屬一個群體是認同，認可了一個規則是認同，懷舊是一種認同，就連被欺負了也會向攻擊者認同。認同有時的確可以讓我們更好地和人連接，融入社會，但有時則會讓我們迷失自我。

衝突的聲音可以靠自己的力量得到化解，當我們好好傾聽自己、理解自己、面對自己時，也就能夠找回自己，與自己和解了。

3. 成長型故事

當我們完成了與自己的和解，內心就會出現以下的聲音。

● 追求美好的聲音：「生命很美好，每個人都有善良的一面。」

● 富足的聲音：「我擁有想要的一切，我對生活很滿足，人生中有很多機遇和奇蹟。」

● 希望的聲音：「明天會比今天更好，一切都會越來越好，我對生活充滿期待。」

● 幽默的聲音：「別太嚴肅啦，這件事可真有趣。」

● 樂觀的聲音：「所有的挑戰都能幫助我成長，我會變得越來越強大。」

● 感恩的聲音：「生命就是人生最大的福報，感謝天空、大地、父母養育了我，感謝朋友親人陪伴我。沒有什麼不能放下，我讓自己獲得自由。」

你的內心之所以出現這樣的聲音，是因為學會了用以下這些較成熟的防禦機制，去處理自己的問題。

(1) 昇華

你把精神的痛苦變成智慧的領悟，把不幸的遭遇變成人生的財富，把願望轉化成被社會和他人接納的東西，把

生活對你的虧欠變成人生的使命，這都是我們人生境界的昇華。

(2) 幽默

你學會了幽默、自嘲、大度寬恕。你樂觀，也給別人帶來歡樂。

(3) 自律

你可以克制慾望、克服惰性，能為自己的目標堅持，為自己的人生全然負責，變成一個由內而外有力量的人。

(4) 利他

你學會做對別人有益的事，你發現愛別人就是對自己最好的保護。你因保護自己及生存環境，獲得了前所未有的安全感，你因為服務他人而最終讓自己受益。

當你能夠安靜下來時，內心的聲音一一上演，能去覺察和改變內心的聲音，卸下不成熟的防禦機制，你看待現實世界的眼光會發生驚人的變化，變成一個由內而外有力量的人。

───── 自我提升小作業 ─────
傾聽內心的聲音

　　你可以隨時隨地進行如下表的練習：選一個安靜的午後，靠窗享受溫暖的陽光；你也可以選在出現情緒波動時，深呼吸聽到內心深處的叫囂；你還可以在遇見一些重要的人、經歷一些重要的事而感慨萬千時，默默等待內心的聲音上演……

發生了什麼事	
我聽到的內心的聲音是	
我此時此刻的感受是	
我可能使用的防禦機制是	
我在本書中，可以找到哪些方法改善這個問題	

7-2
打開內在感官頻道，就能豐富你的交流！

　　我們接收外界的訊息時，需要使用五感：形、聲、聞、味、觸，也就是視覺、聽覺、嗅覺、味覺、觸覺，這是我們的「外感官」。

　　當外感官接收到訊息傳入大腦後，接下來的儲存及運用，則需要「內感官」的參與。內感官只有三個，即內視覺、內聽覺、內感覺。而味覺、嗅覺、觸覺的訊息，都統一存儲在內感覺裡。

　　我們對世界的認知，是憑藉內感官而存在的，我們的思考和表達，也都需要從內感官內提取數據，參與完成。在成長的過程中，每個人都會不自覺地選擇使用一個或多個內感官。多用景象做思考的人，稱為視覺型；多用聲音、語言做思考的人，稱為聽覺型；多用感受做思考的

人，則屬於感覺型。

　　不同內感官的人，在溝通中接收息、理解及表達時是不一樣的。如果你能識別出對方的內感官類型，並且針對其內感官的特點溝通，可以讓你事半功倍，並且能夠與他人拉近距離。

如何識別內感官的類型

1. 調動回憶法

　　請你閉上眼睛，回憶你聽過的最重要一場演唱會或一次演出。

　　A. 你的腦海裡出現仔細的畫面，顏色豐富，表演者的服裝清晰，你還可以看到很多演出的細節，記憶猶新。

　　B. 你的腦海裡出現了歡呼聲、尖叫聲，音樂的旋律仿佛就在耳邊。你記得表演者說的話，他的聲音特點、音色都還很清晰。

　　C. 你感覺整個人又回到了現場，身體不由自主地想要動起來，空氣裡彷彿有煙火的味道，你又燃起了激動的心情。

　　如果你的回憶傾向於 A，內感官類型是視覺型；如果你的回憶傾向於 B，內感官類型就是聽覺型；如果你的回憶傾向於 C，內感官類型就是感覺型。

2. 語言識別法

內感官是視覺型的人經常會這樣說：

「你怎麼看這件事？」

「前途是光明的。」

「秋天，滿地落葉一片金黃色。」

「她打扮得十分亮麗。」

內感官是聽覺型的人經常會這樣說：

「讓我們談談這件事吧。」

「你們討論過事情的細節嗎？」

「有反對的聲音也不要緊。」

「他說話的聲音真好聽啊！」

內感官是感覺型的人經常會這樣說：

「對這件事情，你有把握嗎？」

「關於你說的，我需要消化一下。」

「任何成功都會充滿艱辛和挑戰。」

「他是一個很讓人安心的人。」

3. 行動識別法

內感官屬於視覺型的人，說話時眼睛經常往上看，多使用手勢等身體語言，動作大且快。他們說話的速度很快，聲調沒有什麼高低變化，被問到問題時往往能馬上回答，且回答很簡短。他們走路時步伐很快，坐下時只坐椅子的前半部。做事快速、能同時多線運作，例如，一段時間內同時看多本書。與朋友在一起時，常有速度競賽般的行動和表現。

內感官屬於聽覺型的人，說話時眼球常左右轉動，有適量的手勢但經常重複，還會很有節奏感地用腳輕拍地面或手指敲桌子。說話內容常重複，很流暢地滔滔不絕。說話的聲調抑揚頓挫，富於變化。

回答時總是長篇大論，短時間內無法停止。做事時也要說話，喜歡一邊說一邊做。與朋友在一起時，往往是說得最多的人。

內感官屬於感覺型的人，說話時眼睛經常往下看，手勢不多且比較緩慢，雙手舞動的位置接近腹部，常有欲言又止的情況，經常提到往事和感受。說話時身體動作不多，即使有也是比較緩慢的動作，雙手常互相握在一起。說話內容比較少，語速很慢。被問到問題時，總是想一會兒才回答。

如何與不同內感官的人交流

1. 與內視覺的人溝通，要滿足他的眼睛

內視覺的人很難長時間集中注意力，所以跟他們說話要簡短扼要，保持輕快的節奏。你可以多用手勢配合說話內容，並多使用顏色和畫面吸引他的注意力。也可以跟他分享情境，或者鼓勵他想像一些情境。討論事情的時候，問他：「你有什麼看法嗎？」「看看還有什麼遺漏的，我們一起來想解決辦法？」

2. 與內聽覺的人溝通，要滿足他的耳朵

當對方說話的時候多點頭，以表現出用心聆聽。用有變化的語氣、優美的聲音、高低快慢的聲調，去表示你的意思，滿足他的耳朵。

溝通時最好選擇寧靜的環境，或配上輕緩的音樂。要一步一步地說明，強調次序並適當重複。討論事情時，則問他：「對這件事你是怎麼看的？有什麼需要補充的？」

3. 與內感覺的人溝通，要滿足他的內心

盡量多與他面對面傾談，說話語調緩慢低沉，並且用平靜、溫和的態度對他。他渴望被瞭解及被接受，因此盡可能地多詢問他的感受。多讓他回憶過去的經驗和心得，

因為他不在乎事情看起來或聽起來怎樣，較在乎事情給他的感覺。多讓他接觸實際的人事物，製造出感覺。討論事情時多詢問：「你覺得怎麼樣？你覺得這樣好嗎？還有什麼擔心的地方嗎？」

如何豐富自己的內感官

當你的內感官種類越豐富，就越能自如地調整和切換自己的內感官頻道，去和對方「同頻」。

1. 提升自己內視覺的方法

(1) 在環境裡找一些可以訓練記憶的東西，例如，台階數、天花板上的電燈數、座位上的人數等等。

(2) 看著眼前的風景幾秒鐘，然後閉上眼睛，在腦海裡把景象逐一再現。

(3) 用內視覺去想像某些人和某些事物的模樣，細節越多越好。

2. 提升自己內聽覺的方法

(1) 聽別人說話時，有意識地從說話者的聲調中感受其情緒狀態。

(2) 說話時有意識地注意自己的聲調。

(3) 留意環境中的聲音，逐一分辨出來源。

3. 提升自己內感覺的方法

(1) 每當內心有情緒或感受時，在心裡用文字描述它。

(2) 用心體會各種感覺：行走坐臥、吃飯吞咽，感受自己的身體。

(3) 與眾人同處時，注意每一個周邊朋友的感覺和反應。

───── 自我提升小作業 ─────
內感官的訓練計畫

　　請根據書中給的方法，來判斷自己的內感官類型，並選擇適合自己的方法，來提升最薄弱的內感官。當然，你也可以訓練自己擅長的內感官，讓它發揮更加出色的作用。

內感觀名稱	
選用的訓練方法	
一週後的變化	
一個月後的變化	
夥伴交流（尋找身邊此內感官發達的夥伴，與其進行交流）	

第 **8** 章

為何我跟他話不投機三句多？
打開你的鏡像神經元！

8-1
對話案例：
被感動的面試官

　　我們往往急於解決問題，沒有意識到在對話中，總是高估自己的表達被他人理解的可能性，同時也總是低估自己對他人產生誤解的可能性，以致各說各話，導致「無效的理解」。

　　要知道，對話中交換的訊息不僅是語言的內容本身，還有語言背後的大量情感和願望。共情讓我們能夠深入語言的背後，去感受彼此內在的故事，讓我們在對話中真正相遇。

　　你也許有以下的困擾，都可以在這一章找到答案。
- 談話中大家都在說，很少有人真正耐心地聽。
- 無法理解對方的潛台詞，即言外之意，弦外之音。

● 對某些人的談話風格不適應，不能靈活應對。

● 無法在情感層面讓對方感到被理解和有共鳴。

● 擺事實、講道理、提建議好像都沒用，不知道做什麼樣的回應，才能夠化解談話中的情緒問題。

　　負責招聘工作的小 A，是第一次獨當一面擔任面試官，她要對五位市場專員進行複試。業務部門對這個職業提出的需求是，應聘者不僅要有相關經驗，靈活有創意，還要吃苦耐勞。因為公司明年的市場拓展任務很艱鉅，除了打廣告、做活動，更需要深入小鄉鎮的市場親自宣傳。小 A 專門準備了幾個有關「吃苦精神」的問題，想要聽聽應聘者的經歷。

　　面試過程中，小 A 對最後一位面試者的基本條件非常滿意，她適時地拋出了自己的核心提問：「在過去的市場工作中，你有過特別困難的工作經歷嗎？你能說說你是怎麼完成的嗎？」

　　面試者聽到這個問題，沉默了幾秒，然後，他說起了自己三年前的一段工作經歷。

　　「三年前，我在上一家公司的市場部負責推廣新產品。那時候公司經費不足，我和幾個同事為了打開市場，真是吃了不少苦頭……」

　　面試者將自己的故事娓娓道來，說到初入職場遭遇家

中變故，加上情感上受挫，讓他度過了一段非常難熬的人生低谷期。小Ａ因自己也有類似的經歷，聽面試者講到如何堅強面對時，不禁對他的信任感又增加了幾分。

面試結束後，小Ａ向經理介紹了幾位人選的情況，並特別推薦了最後一位。

經理問：「你能說說這位哪裡不錯嗎？」

小Ａ說：「他很堅強，一定能吃苦。」

經理問：「你是怎麼知道的呢？」

小Ａ把最後一位面試者的故事說了一遍。說著說著，好像意識到自己的推薦在哪裡出了問題。

經理聽完繼續問道：「你說的這些都是他對待生活和家庭的經歷，聽上去的確是個負責任的年輕人。但你有他能勝任這份工作的依據嗎？」「還有，他期待的薪水是多少？」「哦，對了，他對於在小鄉鎮推廣商品，有相關的經驗嗎？」

「這些……」一連串的問題，讓小Ａ支支吾吾地答不上來。她因為面試者的故事太感人，竟然忘記了確認這些重要細節。

小Ａ為什麼會出現這種情況呢？將於下一節說明。

8-2
鏡像神經元幫助我們與他人說話時，心有靈犀！

鏡像神經元幫助我們理解對方

　　義大利科學家在 1999 年對猴子的研究中，發現了一種獨特的神經元，稱為「鏡像神經元」。當時他們正研究猴子腦中會有哪些系統調控手的有意動作，結果發現，在猴子記住和啟動順序的大腦皮層中，有一個預動區，裡面的神經元啟動數毫秒後，運動皮層的神經元才發光，並同時出現了手部的動作。

　　從時間先後來說，是相關的預動系統先期形成了一個運動的順序，運動順序隨後啟動相關的運動皮層系統，運動皮層系統再去啟動相關的肌肉。有一天，這些科學家驚異地發現，當一隻猴子看到其他猴子做同樣的、有意識的

動作時，它的預動系統也會被啟動。科學家們把起預動作用的這些神經元系統，稱作鏡像神經元。

對猴子進行了初期研究後，神經系統學家用神經成像技術去研究人類的鏡像神經元。他們用功能性磁共振呈現技術，發現在一個被試者腦中，其抓住水杯前的神經元發光部位，與被試者看到其他人抓住水杯時的神經元發光部位，幾乎一模一樣。

人的這個大腦部位，也是一個身兼二職的預動區，既負責自己的人體運動的產生，也負責對他人的人體運動的感知。神經系統學家們發現，人體也有一個遍及所有感知系統的極為複雜的鏡像神經元系統，不僅可以使人們模仿他人的行為，還可以感知和體驗他人的情感和心意。

產生共情時的「情感捲入」現象

上述發現的意義非同小可，因為它證明人的大腦有這樣的一個系統，當看到他人的有意運動時，能創建一個相應的心智範本，然後據此啟動回應性的模仿行為。一方面，這就能解釋很多現象，例如，幼兒會模仿他人的微笑；當我們看到他人打哈欠時，會不由自主地打哈欠。

另一方面，我們還可以感應與此行為相關的情感屬性。例如，看到某種行為，就可體驗到與該行為相伴的痛

苦和歡快。鏡像神經元能使我們瞭解他人的情緒，設身處地地領悟他人的內心感受。看到他人臉上厭惡或歡快的表情，我們的鏡像神經元就會觸發類似的情緒，彷彿自己正做著或經歷著他人的行為和感受。

　　神經學家認為，鏡像神經元為我們提供了一個體會他人感受和想法的視窗。這些鏡像神經元可能有助於一個人解碼他人的意圖，從而預測其行為。每當我們看到某個人一系列動作的開頭，就能推測出其之後的行動。

　　例如，一個人拿起筷子，我們可以預測他要去夾菜；父母看到孩子的某個動作，可以推測隨後發生的事情；參賽的運動員也可以利用這種推測，利用假動作「虛晃一招」；魔術師也會用眼疾手快的動作來遮人耳目。人際交往中，我們還會有不少心照不宣的配合，彼此心領神會的眼神，甚至我們和父母之間相似的步伐，也是從小潛移默化的結果。

　　在我們的大腦頂葉中前部，此處的扣帶回和腦島，屬於處理疼痛訊息的系統，這些系統中的鏡像神經元，對別人的疼痛也特別敏感。我們一般可由他人的表情和身體語言等，所傳達出來的訊息產生反應。這就可以解釋，每當我們看到災難的畫面，聽到悲傷的相關描述時，為什麼也會產生替代性的創傷反應。

　　鏡像神經元聯通了你我之間的主觀世界，當我們用鏡

像神經元去感受他人時，就是「共情」。

當鏡像神經元喚起大量我們自己內在的體驗和記憶時，也可能讓我們分不清到底是在解讀對方的經歷，還是在回味自己的體驗。這時候就出現了情感的「捲入」，而上一小節案例中，小 A 的情況就是「情感捲入」。

8-3
對話案例：
抱怨的下屬、心累的主管

　　公司產品價格下調，對零件供應商同步實行價格控制。供應商的溝通和維護工作越來越難做，員工們壓力很大，管理者也很頭痛。有天，採購部組員終於到辦公室對主管抱怨。

　　下屬：經理，最近我和供應商溝通不順利！

　　主管：怎麼了，遇到什麼難題了？

　　下屬：對方無法理解我們的難處，態度很強硬。而且，我們的確壓低了價格，我太難做了……

　　主管：你不要有情緒，有情緒是做不好工作的。公司這麼決定也是有難處，我們作為員工，就不應該抱怨，要積極找方法……

主管為了阻止下屬抱怨，不知不覺地開始說起了大道理。對話的氣氛變得尷尬起來，下屬也開始沉默不語。

為了打破這個沉默，主管繼續詢問員工情況。

主管：你先不要急！這樣吧，你說說有哪些具體的事情？看看我能做點什麼。

下屬：因為價格調整，關於明年的合約，電話打了、信也發了。人家要麼不回覆，要麼回說「太忙了，過一段時間再說」。

主管：那面談會不會效果好些？

下屬：這為什麼要我去面對？為什麼我們給了訂單，還得看人臉色？

主管怕下屬說下去又有情緒，連忙打斷了他。

主管：不就是價格嘛，這都可以談的。這樣吧，我親自和你去一趟。

下屬：可以。但我約人家可不一定約得出來。

主管：我去約一下他們經理，到時我們一起行動。你不要再有情緒了，克服困難，繼續加油。

下屬：那請您儘快約一下吧。

主管：好的。我這週就確認。

下屬終於離開了辦公室，主管越想越不對勁。這到底是誰在做工作啊！

8-4
恐懼、壓力……
讓你無法和人溝通

　　當我們能夠耐心傾聽、有安全感，並希望自己與他人建立良好關係的時候，就會啟動鏡像神經元，產生對他人的同理心。而當我們感到恐懼、有壓力的時候，鏡像神經元就會失效，對他人感受的敏感性也會隨之減弱。

　　因此恐懼不安時，我們無法換位思考，也無法真誠地傳遞自己內心的想法和感受，更談不上與對方產生情感共鳴了。

　　在上一節的對話中，主管因為公司政策的壓力，本身非常抵觸這個話題，繼而在員工有情緒的時候，因為擔心失控，所以採用了「說大道理」「急於給建議」的方式，想去阻擋這個情緒。他對下屬的情緒沒有積極理解和回應，反而由於心急讓自己陷入了被動。

說話不要光憑感覺，專心傾聽更重要

研究人員得出結論，我們每隔 12~18 秒就會從對話中收回自己的注意力，轉而在內心處理他人所說話語的意思。所以我們通常記住的是「自己以為的他人所說的意思」，而很難複述他人表達的全貌。

因為比起去「鏡像」他人所付出的努力，回到自己的經驗是一個更簡單、更熟悉、更讓我們有掌控感的內心處理過程。換言之，我們內心「自己琢磨」的意思，總會使我們疏於去理解對方真正的意思。

經驗主義幾乎就是一種生物本能反應。首先，我們在 0.07 秒內就會做出判斷，此時皮質醇和催產素可能升高，心跳也可能加快，隨後就會產生良好的或糟糕的「感覺」，這會讓我們迅速判斷說話的對象是朋友還是敵人，我們是否可以信任他。

然後，我們將自己的感覺付諸語言，開始表達自己可能還沒有成熟的想法（如打斷或搶話）。接下來，我們還會一邊說一邊加入我們自己的看法，並用以往的經驗來說服自己、肯定自己的想法。最後，我們自己得出了結論，遮罩了他人的意見，不再去考慮或聽取其他的觀點（此時，對方要麼沉默，要麼與我們開始發生爭執）。

在上一節的案例中，主管迅速判斷員工有情緒，認為

自己必須馬上「制服」他，然後脫口而出大道理，一邊說一邊在腦子裡迅速搜集證明自己想法的「論據」。最後得出結論──「你錯了！」「你不該這樣。」「我們應該這麼辦⋯⋯」這個經驗主義的過程，對溝通顯然是具有破壞性的。

　　因此，我們必須要對對話保持耐心，多努力停留在傾聽的狀態（「鏡像」他人的狀態），並時刻留意自己是否有回到經驗主義的傾向。多與對方花時間進行確認，耐心地傾聽和複述，來確保雙方對內容的理解一致，這個過程有助於啟動鏡像神經元，幫助我們知己解彼。

第 **9** 章

為何講求效率，
被誤解成不通情理？
產生共鳴法！

9-1
追逐效率，
不如讓「我們」產生共鳴

20世紀最偉大的物理學家和最重要的思想家之一大衛・伯姆先生，說過這麼一段話：「過去幾十年來科技發展一日千里，廣播、電視、飛機與衛星構成了一個龐大的網路連接全球，世界上各個角落，幾乎可以在瞬息之間彼此相連。然而與此相對的，是人與人之間日漸隔閡，彼此的溝通，以前所未有的速度每況愈下」。

在課堂上，我經常和學員一起探討這句話的深意，為什麼科技進步、交流便利卻帶來溝通的無效、情感的孤單，大家的答案歸納起來，不過就是「太快了！」。

的確，社會發展快、生活節奏快、工作變化快，我們置身於一個追求效率的時代。溝通上也追求「標題黨」「曝光量」「熱點」「吸引眼球」，我們變得沒有時間細

細聽，也沒有時間慢慢說，語言離我們的「心」越來越遠。

我們的關係越來越遠

這種對效率的狂熱，早在 19 世紀第二次工業革命時代就出現過。泰勒的科學管理和福特的流水線，催生了大量的仿效者和追隨者。電影大師卓別林用一部電影《摩登時代》，反映了當時風靡於西方的效率運動。

美國有一對令人矚目的吉爾布雷思夫婦，對追求效率投入了信徒般的虔誠和熱忱，把生命和家庭都奉獻給了效率運動。他們不僅在工作中分秒必爭、務求提高效率，還用同樣的方式養育了 12 個孩子。例如用圖示記錄孩子們是否刷牙，孩子們必須按照標準的流程做完家務後才能出門玩耍。

夫婦倆甚至對孩子們的玩耍時間做了精確的規定，有一部喜劇電影 Cheaper by the Dozen 就戲謔地嘲諷了吉爾布雷思夫婦。戲中的吉爾布雷思先生出差回家時，甚至不忘拿出碼錶，好計算孩子們衝進自己懷抱的時間。

可以想像，盯住碼錶的吉爾布雷思先生，一定無心享受全心全意的擁抱，也許他接下來的話不是：「嗨，寶貝，你還好嗎？」而是：「親愛的，這一次奔跑慢了 2

秒，你可不要輸在起跑線上喔。」

　　追求效率的時代，不僅給我們帶來更多焦慮，也給我們帶來越來越多關係和溝通上的問題。我們越來越忙碌，也越來越空虛，對話變得越來越膚淺，關係變得越來越疏離。自閉症、阿爾茲海默病、孤獨譜系的心理問題越來越多發，而這些心理問題，一般都伴隨著不同程度的語言障礙。

9-2
從「我」要追求效率，進化到「我們」達成共識

　　人和人的溝通，與人和機器的溝通、機器和機器的溝通不一樣，是一個雙向、動態、有血有肉的過程。不僅是語言、符號的交流，更是情感的相互理解和共鳴。

　　在父母和孩子的對話中，沒有情感支援的話語，會失去作用和意義。在職場中，沒有「關係」作為基礎的跨部門溝通，會陷入無止盡的利益之爭。這種情感的交互不僅表現在你和他人之間，還時刻貫穿於你自己的內心交互過程中。言由心生，你的心是否「在場」，成為溝通是否能走向深入的關鍵。

　　我們都經歷過發燒，發燒的時候當然都急於盡快退燒。可是，如果沒有找到導致發燒的病因，「對症下藥」去解決，體溫不僅很難降下來，反而會反覆燒燒退退，甚

至危及生命。這就像我們溝通時，往往過於追求話術、說服、套路，不問原因只追求退燒，因此難以保證溝通的效果。你的心「在場」，才有機會找到溝通的病因，達到真正解決問題和衝突的作用。

想在對話中實現「在場」，我們必須找回語言和心的連接，讓自己的表達能更加由心而發，說好心裡話。同時，我們也要增強解讀他人話語的能力，從而在對話中從追求效率，轉為努力使「我們」達成共識。

加強「談話心智」，讓溝通更到位

2008 年，我在百度負責近 2 千人的電話行銷團隊培訓工作。這個團隊的流動性很大，每個月都有 3 百位新人入職。我的工作是把這些毫無銷售經驗的新員工，迅速培養為有效達成交易的電話銷售人員。

從那個時候開始，溝通訓練成為我的功課。我和我的團隊基於大量的一線工作，構建了一套談話體系，並根據戴爾的經典銷售模型，開發了百度的「電話銷售五步法」課程。這些課程有重要的訓練價值，讓員工能掌握最基本的「談話套路」。

但在業務部門對「成交率」提出新要求後，我們發現，「談話套路」受到一些核心「情感能力」的制約。例

如，銷售人員還需要在談話中擁有高情商、會傾聽、會準確做出判斷、會控制情緒，還要能有效掌握時機且因人而異地表達。繼而，我們引入了耶魯 EQ-i 的情商訓練，並取得了顯著的效果。

　　但仍存在一些阻礙，有 30% 左右的受訓人員，明顯被更深層次的問題困擾。例如，「網路真的有這麼大的價值嗎？」「你讓我們和客戶做朋友，可是我能賺朋友的錢嗎？」「企業來購買這個產品，價格會不會太高？」這些影響成交的困擾涉及「談話觀念」，源自人的思維方式、價值觀和深層信念系統。

　　另外，還有 5% 左右的受訓人員，他們的性格特點明顯不適合高強度的銷售工作。他們對「拒絕」的耐受程度低，對於「目標感」不感興趣，其內在驅動力中不包括渴望對他人施加影響。這些都是很難經由訓練改變的「人格特質」，我稱其為「談話心智」，而日常的企業內部培訓，很難深入這些層面。

　　由此，我們總結了對話的語言心智模型，即語言的背後是情感，情感的背後是觀念，觀念的背後是心智。毫無疑問，對話中的「在場」所需要的言由心生、身心一致，就是一個人要在更深入的情感、觀念、心智層面與自己的表達達成「一致性的交互」。

9-3
深度對話的
5 大核心情感原則

(1) 好奇心原則

我們聽別人談話的時候，一定要懷著一顆好奇的心。如果在談話前，你就為對方的話題貼上沒意思、枯燥、單調的標籤，那麼一定會在傾聽中，錯過很多重要的訊息，也會忽略對方重要的感受。另外，在探索和充分體會對方情感的同時，還要注意自己是否太過於代入自己的情感，而把對方的意思變了「味道」。

(2) 責任心原則

傾聽是溝通者一個非常重要的技能，也是傾聽者的重要責任。因為傾聽的成功與否，對於能否理解對方情感意義重大，也是你願意努力「在場」的重要標誌。

(3) 利他心原則

如果我們能多考慮對方的感受、多體會對方的立場，就一定會在溝通過程中，給對方更多的信任感和表達的機會。如果我們在溝通中只在乎自己的目標，不在乎對方的感受，對話就會陷入無止盡的權力之爭、觀點之爭或利益之爭。

(4) 耐心原則

想要達成情感的共鳴並不容易。很多時候對方說得不清楚，或者邏輯上不是很順暢，甚至是因為一些情緒的問題，而說得顛三倒四。這時傾聽者一定要有足夠的耐心，這種耐心不僅僅是對他人的一種禮貌，也能幫助對方慢慢平靜下來，整理好自己的思路。

(5) 平等原則

當你的地位、才能、權力等各方面，都比對方「高出一籌」時，在對話中仍然保持平等的姿態，是對他人情感的尊重和關懷。無法理解和認同對方時，也要用平等的對話態度，留意自己的表達是否具有攻擊性。

第 10 章

聊不停，就會有好人緣嗎？
傾聽的藝術！

10-1
你要開口前，
請給對方 2 分鐘

　　密西根大學社會研究所的一項調查顯示，在有青少年的家庭中，父母與孩子每天交流的時間平均只有 14 分鐘，並且當中有 12 分鐘是用來討論「晚飯吃什麼」「功課怎麼樣」「今晚誰用車」等話題，真正交流和增進感情的時間，只有剩下的兩分鐘。在另一項研究中，針對 4500 名被調查的女性，被問及配偶令人最生氣的事情是什麼時，有 77％會回答：「他們不聽我說話。」

　　也有美國研究者調查指出，美國白領階層的有效傾聽率平均僅為 25％。此外，科學家曾對一批推銷員進行追蹤，發現業績最好的前 10％ 和業績最差的後 10％，業績的巨大反差與其是否善於傾聽關係密切。那些業績最好的推銷員，平均每次推銷只說 12 分鐘；而那些業績最差的

推銷員，平均每次推銷長達 30 分鐘以上。

　　說得多，自然就會聽得少。在一項社交實驗中心理學家發現，在對話中那些說話時間佔 80%，而傾聽只有20%的人，是最不受人們歡迎的一群。

2 分鐘複讀機練習

　　為了研究國內職場人士傾聽能力如何，在課堂上我們設計了一個「2 分鐘複讀機練習」的傾聽實驗。

　　我們要求學員背對背坐在一起，完整地重複彼此所說的話，用這樣的練習來強迫學員把注意力集中在說話者身上，同時測試在傾聽中的專注力。期間，傾聽者要做的是，原封不動地重複說話者所說的內容（對方說一句，你重複一句），不打斷、不評價、不詢問，只能重複。2分鐘過後，大家一起分享下面的話題：

　　● 你覺得 2 分鐘長嗎？

　　● 在此過程中，你有什麼感受？

　　● 你是否有試圖打斷對方，或者把話題接過來自己表達的衝動？

　　大家普遍的感受是：2 分鐘怎麼這麼長？集中精力

去聽別人說話太難了。在這個練習過程中，學員們會發現自己有不少影響傾聽的「自動反應」出現了，這些自動反應會使注意力離開說話者，而錯過重要內容，因此沒辦法理解對方想要表達的是什麼。這些自動化的反應，在不知不覺中影響著我們的傾聽和互動效果。

而在這個練習中，說話者的普遍反應則是：被人「全心全意」關注的感受實在很不錯，平時能有人這樣聽我講話就好了。2分鐘，竟然有著如此神奇的功效！

阻礙傾聽的自動反應

第 1 種反應：自戀的反應

當我們聽對方說到一個熟悉的內容時，會自然產生這樣的反應：「我知道了！」「這件事我有經驗！」「沒錯！」然後就會從聽對方說這件事，變成回想自己經歷過的事。有些人甚至會直接把話題接過來，開始大談自己的事。

無論哪一種，其實你的傾聽都已經結束了，因為你把聽別人說話變成了想自己的事、說自己的事。或者即使你還在聽，但別人說的一切，卻都已經變成用來補充你的自我經驗，是自我感覺的一種延續，這種把話題轉回到自己身上的自動反應，就是自戀的傾聽。

第 2 種反應：行動的反應

很多人聽別人講話的時候，有一個非常自動化的習慣，就是馬上反問「這件事情該怎麼辦？」「這件事情應該怎麼解決？」「問題的原因是什麼？我看看解決方案有哪些？」尤其很多男性，在傾聽過程中會想要立即解決問題。這種反應看起來好像是非常高效的表現，但其實是打斷了對方的傾訴。此外，實際上你並未真正把對方的話聽完整，所以會造成很多經驗主義的錯誤，同時也會影響雙方在情感上的共情。

第 3 種反應：選擇的反應

選擇性傾聽，就是只聽自己感興趣的內容、只聽自己能聽得懂的內容，有這種自動反應的人，在傾聽中一般會比較缺乏耐心，不太願意去挑戰自己難以聽懂的或枯燥的內容。如此一來，對於對方的傾訴自然無法聽得很完整。甚至有時候，對於內心不想觸碰的內容，還會直接略過不聽。這會導致無法有效聽到新的意見、新的看法，使自己產生很多盲點，且容易產生刻板印象。

第 4 種反應：先入為主的反應

先入為主就是在傾聽之前，已經在自己的內心做好假設、做好判斷，有了既定印象，無論對方說什麼，都不過

用來幫自己找證據，以證明自己的假設是對的。例如，一旦聽到對方說了一個符合自己觀點的訊息，就馬上跳出來說：「你看就是這樣！」「你看我說的沒錯吧！」這種自動反應在雙方一致時，會表現得挺和諧。但如果你是想用抓住證據的方式去說服對方，證明自己的觀點是對的，就會引起對方的反感，非常容易破壞關係。

第 5 種反應：捲入的反應

　　捲入是指聽者的情感反應會和說話者變得一致，分不清界限。在這種情況下，聽者可能會變得感同身受、十分入戲，甚至比說話者還要激動；也可能對說話者所說的內容特別敏感，覺得對方的所有話都是在針對自己。這樣的反應知下，自然也無法去客觀理解對方所說的內容。

小練習

2 分鐘複讀機練習

請你也找一個搭檔，做一做「2 分鐘複讀機練習」，記錄下自己的感受，並觀察阻礙傾聽的自動反應有哪些。

10-2

什麼是成熟的傾聽態度？

你聽到的和事實往往被「篩檢」了

　　溝通中，每個人的傾聽都會受文化背景、生活經歷、人生態度、知識結構、交際習慣等方面影響。個性、壓力、需求、偏見、幻想等因素，使每個人在傾聽時，都會擁有一個非常個性化的「認知篩檢程式」。我們會把每條訊息都在自己的程式中篩檢一遍，所以你真正能聽到的，很可能已經不是別人原汁原味的發言。

　　例如男性的傾聽更傾向於聽事實，偏好事件和物體。此外，男性傾向於按照自己的目標，重新組織聽到的訊息，以便快速找到解決方案。所以，「認知篩檢程式」對男性的傾聽影響較大。男性在傾聽中，還會顯得比較「簡

單」，他們會把諸如「啊」「嗯」「喔」之類的回應，等同於表示同意。

在傾聽中每個人還都會有「情感觸發器」，它會對我們聽到的「語言」進行各式各樣的聯想和情緒反應。因此同樣一句話，每個人聯想的人事物都不盡相同，引發的感覺也不一樣，有時候會對某些話題特別反感，有時候又過度地認同某些話題。而往往這些時候，也是你最容易偏離客觀的時候。

例如女性更傾向於關注溝通中的情緒問題，注意力容易被人所吸引，傾向於去聽資訊背後潛在的訊息，特別是情感的部分。所以，女性容易過度使用情感觸發器，造成情感的捲入。

何為成熟的傾聽態度？

為了避免傾聽中的自動反應、認知及情緒等方面的干擾，需要練就成熟的傾聽態度。首先，我們要先學會分辨錯誤和正確的傾聽態度，看自己做對了幾項，又有哪幾項是需要改進的（見表 10-1）。

表 10-1 ▶▶錯誤 VS 正確的傾聽態度

錯誤	正確
控制：試圖改變他人的觀點，不給選擇的餘地	尊重：對方可以保留自己的觀點
評價：以自身的標準來判斷、指責、評論他人	中立：描述式地聽，經由提問獲得具體的訊息
建議：教別人怎麼做，給別人提建議時，經常用「應該」	支持：給予理解和支援，提供有啟發性的建議
奪權：話題轉向自己或換成自己喜歡的話題	共情：能夠感受對方的感受
輕視：以高人一等的態度對話，如「我比你更有經驗」「這件事不值一提」	平等：尊重對方，相信對方能夠找到適合自己的解決辦法

10-3
成為合格的傾聽者，請用 3 + 3 + 3 法

第一個「3」，傾聽的 3 個層次

如果你的同事在你需要他幫忙的時候，對你說：「我太忙了！」這會是什麼原因呢？

A. 他一定是要忙的事情太多了。

B. 他可能不想幫我。

C. 他現在心情不好。

你一定會說，這還需要根據他的其他反應來做判斷，比如表情、肢體動作、行動等。

A. 他頭髮亂亂的，苦著臉說：「我太忙了！」說完又小跑步離開了。（他一定是要忙的事情太多了。）

B. 他微微一愣，轉而略有點誇張地皺了皺眉頭，「我太忙了，抱歉啊！」說完把頭轉到我另一邊，去跟別人講話了。（他可能不想幫我。）

C. 他還沒等我說完，就憤憤地打斷我的話，說：「我太忙了！」然後板著臉看電腦不再理我。（他現在心情不好。）

有了這些表情、肢體動作、行為的補充，你是不是就很容易把原因找到了呢？針對上面的場景，我們在傾訴時會有 3 個層次的理解。

(1) 語言內容

例如最表層的語言：「我太忙了！」

(2) 非語言內容

我們同時會觀察到：頭髮亂亂的、苦著臉、小跑步離開等語言以外的訊息。

(3) 背後的故事（原因）

最後，我們會根據以上的訊息做出推測：他一定是要忙的事情太多了。

說話者背後的故事很難真正完整、清晰地呈現出來的，但是非語言內容（表情、肢體動作、行動）會傳遞出

大量的訊息，輔助你解讀有限的語言內容。如果我們對非語言內容的體會不夠準確，停留在對語言內容本身的思考和推理上，就很容易誤會他人的意思。

第二個「3」，傾聽的 3 個使用

⑴用眼睛和耳朵去感受，搜集更多訊息

這意味著與一個人見面時，你會下意識地關注對方的著裝和情緒狀態。如果是熟悉的人，會在第一時間感受到，今天他是否有所不同。

在溝通的過程中，你會注意別人的表情，特別是在自己提出一個觀點的時候，會觀察對方的表情出現了什麼變化。

在面對面溝通時，你能從肢體語言的細節中，捕捉到對方沒有說出的想法。如果對方身體前傾，就表示對話題很感興趣；如果對方無意識地用指尖敲打桌面，那麼此時他的心思一定不在你這裡。如果一個人突然提高了音量、語速，或者突然變得沉默或支支吾吾，有時候甚至出現口誤，都意味著你們剛才的對話有什麼不妥（見下頁表10-2）。

⑵用身體去感受，與對方保持同等位置

停止手中無關的事情，並選擇一個適合傾聽、 雙方

表 10-2 ▶▶非語言訊息傾聽自檢表

防禦的非語言訊息	安全的非語言訊息
<ul><li>向後靠或歪著坐。</li><li>把臉撇開，不看對方。</li><li>保持不安的姿勢，如抖腳。或防禦性的姿勢，如雙臂交叉。</li><li>拉開自己與對方的距離，或侵入對方的私人空間。</li><li>目光遊離、四處張望，或盯著別人看。</li><li>雙手握拳或搓手。</li><li>聲音嚴厲，語氣和語調變化很大。</li><li>露出不愉快的表情或長嘆。</li></ul>	<ul><li>身體微微向前傾。</li><li>把臉轉向對方，適當地點頭。</li><li>保持開放的身體姿態，身體是放鬆的，視線與對方齊高。</li><li>與對方保持合適的空間距離。</li><li>與對方保持適當的注視。</li><li>雙手放開自由舒展，必要的時候會拍拍對方的肩膀。</li><li>聲音溫和，聲調令人愉悅。</li><li>表現出關心認可，流露出感興趣的表情。</li></ul>

都舒服的位置和距離。面對說話者，保持開放式身體語言，避免雙手和雙腳交叉。保持目光接觸，可適時點頭互動，或適度模仿對方的姿勢。

(3) 用情緒去感受，進入情感的共鳴

你可以慢慢地跟隨對方的呼吸，嘗試理解對方的情緒起因。接著觀察自己的情緒變化，區分哪些是你的情緒，哪些是對方的情緒，然後給出對方感同身受的回應。

第三個「3」，傾聽的 3 個動作

(1) 複製性的跟隨

用諸如「是的」「嗯」「對」「好的」「我明白了」之類的言語，暗示你在專心聆聽，且鼓勵說話者與你分享更多訊息，或者簡單重複你所聽到的關鍵字，如「喔」「很辛苦」「嗯，不能這麼做」。重複對方說過的話，是最簡單的回饋方式，如「你說……」「你感覺……」，簡單的重複有時會帶來神奇的效果。

(2) 支持性的提問

為了鼓勵對方傾訴，以便收到更多訊息來判斷對方的感受，你可以這樣表達：

「你是不是覺得有點……」

「你想說的是不是……」

「你現在感覺很沮喪，是嗎？」

注意，要用支持性的提問，而不是引導性的提問甚至打斷。支持是關注對方說話的內容，幫助對方把情緒和事件表達得更完整；而引導是把談話導向你的思路，希望對方認可你的觀點。

(3) 確認性的回饋

當你確信自己瞭解對方的感受，並希望達成共識時，可以這樣表達：

「你剛才說……你一定感覺……」
「我真為你高興。」
「真是難為你了，遇到這樣的事，我也覺得……」

當然，也會有不認同他人的態度和觀點時，可以試著這樣表達：

「你這麼說，我感覺很不舒服。」
「你這麼想，我有點失望。」
「我瞭解你的意思，但我有不同的想法。」

你的回饋是結束一段傾聽，也是引導溝通往新的方向開始。

小練習

傾聽的自我測試

A. 非常符合，我一向如此。

B. 傾聽很重要，我基本上都有做到。

C. 我偶爾會注意這點。

D. 我還沒有考慮過這個問題。

　　請根據以下的實際情況，對應上述的 A～D 選項，看看自己在傾聽中的表現。

1. 力求聽取對方講話的實質，而不是字面上的意義。

2. 以全身投入的姿勢，表達有認真聽對方說話。

3. 對方說話時不插話、不打斷。

4. 不會一邊聽對方說話，一邊考慮自己的事。

5. 聽批評意見時不激動，耐心地聽對方把話說完。

6. 即使對別人的話不感興趣，也會耐心聽完。

7. 不會因為對說話者有偏見，而拒絕聽某人說話。

8. 即使對方並不專業，也會持稱讚態度，認真聽完。

9. 因某事而情緒激動或心情不好時，會避免把自己的情緒發洩在他人身上。

10. 聽不懂對方的意思時，利用有效提問的方法來核實他的意思。

11. 經常確認談話內容，證明你準確理解其想法。

12. 鼓勵對方表達自己的想法。

13. 利用重述內容，避免曲解或遺漏對方的訊息。

14. 避免只聽你想聽的部分，關注對方的全部想法。

15. 以適當的姿勢，鼓勵對方把心裡話都說出來。

16. 與對方保持適當的目光接觸。

17. 既聽對方說的話，也注意對方所傳達的情感。

18. 與人交談時，會居於對方感到舒適的位置。

19. 能觀察出對方的言語和內心真實想法是否一致。

20. 注意對方的非語言訊息。

　　上述 A 或 B 選項的部分，是你在傾聽中表現出色的地方，要繼續保持！

　　至於 C 或 D 選項的部分，在今後的溝通中，請參閱本節內容有意識地改善吧！

第 11 章

冰山下不說的話，你聽的到嗎？
回話的公式！

> ## 11-1
> # 聽懂言外之意其實很簡單！

　　人類學家愛德華・霍爾（Edward T. Hall），把文化分為低情境和高情境，並且描述了不同的文化背景下，人們是如何進行溝通的。在低情境文化中，溝通者會盡可能清晰地傳遞訊息，所以他們的訊息通常較長、較確切，也會闡述得詳細且具體。

　　而在高情境文化中，溝通者會認為比起經由語言去傳播訊息，更多的訊息應該包含在溝通的背景中（普遍的社會規則）和溝通者自身的感覺裡（言外之意）。所以他們溝通的訊息會較短、不夠確切。

　　在高情境文化中，大家更喜歡有默契、心照不宣和不言自明的溝通。所以在高情境文化中，「聽懂言外之意」被認為是傾聽者的責任。而在低情境文化中，則恰恰相

反，說話的一方，要負起準確清晰表達的責任，也就是說，他們要負責把話說清楚。

　　所以，當生活在低情境文化中的人，過度詳細陳述事實、證據和觀點的時候，生活在高情境文化中的人，可能會感覺自己被攻擊了，認為對方故意顯出高高在上、咄咄逼人。而如果生活在高情境文化中的人，把話說得很簡短、很婉轉的時候，那麼生活在低情境文化中的人，也很可能會感覺到不太被重視。

捕捉「潛台詞」靠的是感覺

　　我們經常說，說話時要會聽言外之意、要能聽懂「潛台詞」。這個「潛台詞」究竟是什麼呢？有人會告訴你，這得靠感覺才能體會，可是這種感覺又是什麼呢？

　　感覺就是各種各樣的情緒體驗，內在表現為不同的身體感受、情感體驗，外在呈現為表情和身體的下意識動作。中國自古有「七情六欲」之說，其中七情為喜、怒、憂、思、悲、恐、驚，這些是最基本的情緒。根據能量大小、細微的內在變化，基本情緒又會分化出更多樣的情緒感覺。

　　以下是 20 個有關情緒的詞彙，請把它們按照能量由高到低，分別填入以下的情緒分類中。

興奮、驚恐、平靜、煩躁、期待、掃興、不平、畏懼、狂喜、痛恨、消沉、害怕、暴怒、警惕、膽怯、絕望、懊惱、喪氣、陶醉、失意。

	幸福	恐懼	憤怒	悲傷
基本內涵	感到愉快並希望能持續	受到威脅、希望能夠趨利避害	力量不足、希望能夠恢復控制	失去希望
能量高 ↑ 能量低				

11-2
講大道理、給解決方案……
其實你還是不懂他要什麼！

　　在填寫上一節的情緒能量分布表時，請注意把每一個描述情緒的詞，都用自己的身體體會一下。你的呼吸、心跳、血液、肌肉狀況如何？你的情感體驗是什麼？你能回想起哪些往事的畫面？

　　對於情緒詞的感受越清晰，對不同的情緒詞之間的差異，越能夠精準區分和拿捏。你的情緒分化結果越豐富，意味著能夠更多地捕捉到各種「潛台詞」，並且能夠在對話中體會更多的細微差別。

　　情緒能量分布表的參考答案，如下所示。

	幸福	恐懼	憤怒	悲傷
能量高 ↑ 能量低	狂喜 興奮 陶醉 期待 平靜	驚恐 畏懼 害怕 警惕 膽怯	暴怒 痛恨 不平 懊惱 煩躁	掃興 失意 喪氣 消沉 絕望

　　我們在聽完對方的表達，想要進一步探討問題、說服別人之前，一般需要先給對方一個回應。這不僅是對話時的禮貌和尊重，也是為了確認理解是否正確，讓雙方達成一個階段性的共識。這個時候，有些無效的自動化反應會破壞談話的進程，影響到接下來談話的效果。

第 1 個反應，轉移注意

　　有時我們聽完對方的表達，因為害怕引起衝突，所以不想直接面對問題。這個時候我們就會本能地岔開話題，轉移注意力，想要經由這種方式迴避衝突。然而，這麼做不僅不能解決問題，還會讓對方覺得你不負責任。

第 2 個反應，假裝理解

　　有時候你無法理解對方說的話，但為了不傷害彼此關

係，或想維護自己的「人設」，你會客氣地說：「你真是不容易！」「我非常能理解。」或者內心裡其實並不認可對方的觀點，但礙於面子、禮貌，而假裝去說一些認同、寬慰的話。這些表現對溝通其實都無濟於事，還會讓別人懷疑你的真誠。

第 3 個反應，講大道理

這是最常見，也最令人反感的回應方式。不考慮別人的感受，也不考慮別人的實際情況，只是盡說些大道理，或大說特說應該怎樣去做。不僅讓人感到不快，還會埋下衝突的隱患。

第 4 個反應，證明對方是錯的

很多人還有一個根深蒂固的誤解，就是認為：「想達成共識，就必須證明對方是錯的。」所以，這類人在對話中的所有反應，都是為了糾正對方的錯誤。有些人也知道這種方式無效，但還是會不斷地使用，因為在他的心裡，對錯之外找不到第三條路，所以才會不斷地陷入對錯之爭。

第 5 個反應，快速給出解決方案

　　很多時候我們為了能儘早達成共識，會迅速給出解決方案，告訴對方「這麼做就好了」「這樣去解決就可以了」。快速地直奔解決方案，而不顧及對方的感受，也沒有考慮對方是否做好執行解決方案的準備，那麼結果往往是欲速則不達。

11-3
有效回應的萬能公式是 ＝ 事實＋感受

　　又到了辦公室的下午茶時間，茶水間擠著幾個同事。

　　G興奮地發言：「各位，我週末參加了一個培訓，國外的一個大師來授課。這是○○技術在國內的首次推廣，我收穫很多！那天還見了很多名人，你們看，這是我和他們一起拍的照片。」

　　在茶水間裡的你，會怎麼接過這個話題呢？

　　A. 認真地看照片，然後問：「能說說都講了什麼嗎？」

　　B. 這些名人也都是包裝出來的而已，中看不中用，現在假授課真圖利的活動太多了。

　　C. 我上次也參加了一個課程，比你這個場面還大，光

助教就帶了 20 多個！我還是在 VIP 區聽的，待會音檔傳給你們聽聽。

D. 哎喲，能參加首次推廣課程，你真是太幸運了！

選 A，你就是太認真了。此時對方想分享的並非是具體的課程內容，而是自己的獨特經歷。即使你關心和好奇課程內容，也應該先回應對方後再發問。

選 B，你的冷水潑得太直接，這種觀念之爭會令人尷尬，甚至製造衝突。

選 C，「我比你更好」的心態佔了上風，太過直白地炫耀自己。

選 D，這是對方期待的回應，「幸運」就是對方希望聽到的回應。

在這個練習中，大家不難總結出什麼是好的回應。好的回應其實就是接住對方的話，告訴對方：「你想要說的，我聽到了、我收到了。」若想要能穩穩地「接住」對方的話，請記住下面這個萬能公式。

回應＝事實＋感受

從上面的例子來說，好的回應就是：「參加首次推廣」（事實）＋「你太幸運了」（感受）。

　　小 S 對上級給的績效有點不滿，她找主管溝通此事。「組長，為什麼我的考績是 C 呢？我哪個工作沒完成呢？而且，我聽說組裡和我業績差不多的其他同事考績都是 B，我平時加班還比他們多。我覺得這太不公平了！」

　　此刻作為管理者，你如何給下屬回應呢？
　　A.「績效考評是有標準的，給你 C 一定有公司的考量。」
　　B.「考績的意義，就是能讓我們看到工作上的優缺點。是不是應該反思一下自己的不足，然後看看怎麼改進呢？」
　　C.「加班不是考績的依據，加班也不代表工作成績，你說呢？」
　　D.「你對自己的考績是 C，感覺不公平是嗎？」

　　選 A，這個回應雖然是「正確的」，卻非常生硬。特別是在對方有情緒的時候，這種回應會帶來更多的溝通衝突。
　　選 B，有時候，這種回應看似直接奔向了問題的解決，卻恰恰不利於問題的順利解決。此時，員工需要解決的首要問題是「情緒」，要弄清楚產生這個情緒原因。
　　選 C，提出一個反對的意見或者不同的觀點，並不是

理想的回應方式。

　　選 D，說出了「你對績效評價是 C」（事實）+「感覺不公平」（感受）。讓對方能夠平復情緒，以推進深入溝通的回應，才能「接住」對方的沮喪心情。

小練習

給好友回應訊息

試著使用本節的公式，給下面的對話做出回應。

你的 LINE 好友傳來了「討拍」的訊息：「專案又沒過了，一點頭緒都沒有，今天不想工作了怎麼辦？」

第 12 章

憤怒、焦慮時，
讓你語無倫次嗎？
情緒能量象限表！

12-1
調整憤怒、焦慮、難題的處方

　　情緒是基於我們的需要和願望而產生的一種心理現象，在內部為每個人都非常獨特的主觀體驗，在外部則表現為表情、生理反應和行動。情緒是一種能量，有強有弱，這些情緒的能量形成了一種動力。當需求和願望得到滿足時，產生的積極情緒可提高活動能力；當需求和願望得不到滿足時，產生的消極情緒會降低人的活動能力。

　　那麼都有哪些重要的情緒能量影響著我們的動力呢？

　　積極的情緒能量有平靜、主動、寬容、明智、愛和喜悅，這些積極的能量可以幫助我們真誠友善，擁有安全感，讓我們聚焦美好的生活，並且在困難面前擁有耐性和樂觀的力量。勇氣是開啟所有積極能量的必備素質，也是所有積極能量的起點。

　　消極的情緒能量會損傷我們的動力，如憤怒、恐懼、焦慮。雖然在這些情緒能量下的你，乍看很有行動力、充滿進取心，但是內在的力量正不斷被耗竭，當力量耗盡，悲傷就會隨之而來。在所有消極的情緒能量中，內疚和羞恥是最具破壞性的情緒能量，會嚴重損傷內在的自我價值感，從而破壞健康人格的穩定性。

　　想把消極的情緒轉化為積極的力量，需要理解情緒背後的意義。所有原始的情緒都非常有意義，提醒我們趨利避害，採取保護自己的積極行動。我們要理解這些情緒背後的意義，並且嘗試轉化它們。

　　比如，悲傷告訴我們：「我失去了……」

　　比如，厭惡告訴我們：「不要吃，有毒！」

　　比如，驚訝告訴我們：「小心，注意！」

憤怒讓我們重獲力量

(1) 憤怒的表現

　　人在憤怒的時候，最常見的表現就是攻擊性，例如，大聲嚷嚷、跺腳、拍桌子、扔東西。而有些人的表現為壓抑憤怒、沉默、生悶氣。還有些人將憤怒表現為被動攻擊，即表面上服從，暗地裡拖延、不合作，甚至報復。

(2) 憤怒的意義

憤怒會給人力量去改變一個原本不能接受的情況，當我們憤怒的時候，其實是想變得更有力量去解決這個問題。此時不要急著發洩憤怒，而是要化憤怒為力量。

(3) 憤怒的轉化

你可以嘗試問自己這些問題：

「我不能接受的是什麼？」

「我真的不能接受嗎？為什麼不能接受？」

「我希望變得怎樣不同？這個改變對我重要嗎？」

「我該如何使用我的力量去改變？」

「我為什麼會欠缺力量？我該如何增加力量？」

「如果使用力量改變他人無效，改變自己有效，那麼我該做什麼？」

「即使無法改變，我如何努力讓自己重獲快樂？」

小練習

轉化憤怒情緒的練習

請回想最近一次憤怒的情況，用以上問題去嘗試轉化自己的憤怒感覺，並記錄下你的體會。

焦慮讓我們反思現實

(1) 焦慮的表現

焦慮的表現為緊張、無法放鬆，嚴重者會出現睡眠障礙。焦慮的人表現出對未來的不切實際擔憂，過分警惕，時刻保持緊張狀態。焦慮還會偽裝成另一種表現，「灑狗血」式的勵志標語、瘋狂的事業心、消費主義的背後推動力量，有時也都是焦慮。

(2) 焦慮的意義

焦慮的意義是，我們以為需要付出的代價超過了心理承受能力。焦慮不斷地對你說：「怎麼辦？好可怕、太危險了！」一個人的焦慮是自己嚇自己，而一群人的焦慮就像集體歇斯底里，大家瘋狂地陷入想像的危險裡，相互感染。所以，焦慮的意義是，提醒我們已經離開現實的土壤，離現實世界太遙遠了。

(3) 焦慮的轉化

讓我們嘗試在焦慮的指引下，回到自己的現實。

第一步：寫下最壞的可能。你焦慮的是什麼？無論是泛泛的未來，還是某一個具體的事件，現在就寫下最壞的可能。不要讓想象中的害怕無止境的擴大，而是去面對這個最壞的「現實」。

第二步：接受這個「現實」。很多時候，我們無法接

受現實，並不是現實真的有多麼可怕，而是我們的慾望和標準讓我們無法接受。找一個安靜的時間，好好地和自己對話，想出三個自己可以接受這個最壞現實的理由。

第三步：規劃自己的得失。有慾望、有標準不是壞事，重要的是你打算如何努力，為了得到結果，打算付出什麼代價？你如何去面對或承擔這些代價？你將得到什麼，又會失去什麼？所以，在現實的基礎上，把得到和失去也一一列舉出來，然後制訂出行動的計畫。

焦慮會幫你找回那個篤定前行、不被外界干擾的自己。

小練習

轉化焦慮情緒的練習

請你回想一件過去令你十分焦慮的事，用以上三個步驟嘗試處理，並比較和過去的處理方式有何不同。

「太難了」讓我們調整節奏

(1)「太難了」的表現

「我太難了」是當下流行的口頭禪。長期在「太難

了」的感受下，會產生慢性疲勞，這會讓我們記憶力減退、注意力不集中、思緒混亂、反應遲鈍、睡眠障礙、精力不振。人長時間處於慢性疲勞狀態，也會產生無力感，缺乏信心，情緒不穩定，甚至陷入抑鬱。

(2)「太難了」的意義

出現「太難了」的感覺，有很多背後的原因，核心都是自己的能力已經無法駕馭當下的節奏，力所不及，這其實是在提醒我們去調整自己。要麼養精蓄銳、要麼降低慾望和標準、要麼提升心力去面對。

(3)「太難了」的轉化

「太難了」有兩種。一種是情緒上的「太難了」，是需要付出的，大於你可以得到的，所以你總會感覺到累。想解決這個問題，就需要回到理性的層面去量化：量化付出，也量化得到。想出辦法優化你的付出，或者找到資源替代你的付出。同時，也想出方法增強可以得到的，或者去看到曾經忽略的收穫。當你真正地感覺「收支平衡」時，就不會再有「太難了」的感覺了。

另一種「太難了」是真的太難了，是實實在在的辛苦。那麼，你就需要給自己一些休息的時間，然後看看在不增加時間、不增加辛苦的情況下，如何能做得更好？如何能讓自己獲得更多回報？同時你需要調整自己辛苦做事的必要性和標準，是不是要求太高，或者是做了超越自己

能力的事。你還要審視自己的資格感問題，會不會是因為自我價值感太低，導致了過度辛苦。

精神上的痛苦

精神上的痛苦不僅僅是遭遇困難挫折或打擊後，暫時的情緒崩潰，還可能包括無止盡的空虛感、對人生意義的負面思考，甚至是抑鬱來襲，內心跌入無邊際的黑暗之中。

所有痛苦都是一個指引，都是我們心靈成長的素材。感恩是轉化痛苦的萬用鑰匙，面對是轉化痛苦的起點。當我們在痛苦中真正地學習到、感悟到，痛苦就會逐漸消失。

12-2
你與家人、朋友或同事有「述情障礙」嗎？

對話中的「述情障礙」是什麼

在一班客機上，一位女士正在用筆電打論文，突然螢幕一片黑，接著筆電就關機了。她非常著急，怕重要的資料和檔案不見，於是焦急地詢問旁邊的男士：「能不能幫我看看我的筆電怎麼了？」

旁邊的男士飛快地掃了一眼，然後繼續劈哩啪啦地敲著自己的筆電說：「系統問題。」

「啊，系統……」女士感覺事情嚴重了，問道：「那資料還能恢復嗎？」

男士頭也沒抬地繼續說：「這要看資料保存在哪裡了。」

女士幾乎要哭出來了，說：「我剛寫的論文在桌面上，還沒備份！」

「那沒戲唱了。」

「啊！那怎麼辦啊？」女士焦急地問。

這時男士才停下手上的事，說：「著急也沒用，你下飛機後把電腦拿到維修店家看看。反正你現在什麼也做不了了，乾脆收起來吧。」

女士收起電腦，一想到花了幾天寫的論文可能轉眼就沒了，委屈地直掉眼淚。

男士有些不知所措，說：「你哭也沒有用，現在根本沒辦法修理啊！」

20 世紀 70 年代，哈佛大學精神病學家彼得・西佛尼奧斯（Peter Sifneos）博士提出了「述情障礙」這個概念。心理學家們經過調查研究發現，在人群中有 1/7~1/10 的人，難以或不能意識到自己的情感體驗和心境，從而難以或不能用語言來表達自己的情感，他們把這種情況稱之為「述情障礙」。

在對話中，這種對「情感」缺乏意識和體察，不能理解他人，也無法表達自己，對情緒難以處理的情況也經常發生。像故事中的這位男士，他顯然並沒有在溝通中注意「情感」的習慣，對身邊女士的焦急情緒無感，只是就事

論事地回答著問題，這會讓很多對話難以推進。

很多理性的溝通者會認為，太情緒化會影響目標感，無益於解決問題。但是我們也需要明白，溝通中還是要重視對情感的回應，沒有情感的支持，彼此的共識很難達成，解決方案也很難起效。

小練習

測試你的情感力

以下的 25 個題目，如果你的答案更多傾向於「是」，那麼你就有可能有「述情」方面的困擾。

1. 當我哭泣時，不知道是什麼原因。

2. 空想純粹是浪費時間。

3. 我希望自己不那麼害羞。

4. 我常搞不清自己有什麼樣的感受。

5. 我常幻想著將來。

6. 我交朋友似乎比別人難。

7. 知道問題的答案，比知道原因更重要。

8. 我難以用恰當的詞彙描述自己的感情。

9. 我不喜歡別人知道我對事物的態度。

10. 我有些身體上的感覺，連醫生也無法解釋。

11. 我只是單純工作，但不知道為何做和怎麼做好。

12. 我描述不出自己的感受。

13. 我不喜歡分析問題。

14. 當我心煩意亂時，我分不清是傷心、害怕還是憤怒。

15. 我很少幻想。

16. 當我無事可做時也不空想。

17. 我常為身體的異常感覺所困惑。

18. 我更關心事情的發生，而不注意如何發生。

19. 我有些難以識別的感受。

20. 對我來説，情感的溝通不是很重要。

21. 我難以描述對別人的情感。

22. 有人告訴過我，要更勇於表達自己的感受。

23. 一個人不應尋求更深刻的理解。

24. 我不知道我的內心發生了什麼。

25. 我常不知道自己為什麼氣憤。

溝通時對「共情」的 4 個誤解

　　「共情」是一種能夠讀懂他人的感受和想法，設身處地理解對方的行為和情緒，與他人產生共鳴的能力。共情要求我們有一種「洞察力」：對方現在有什麼感受？這種感受有多麼強烈？為什麼有這種感受？這種洞察力不僅表現在溝通的過程中，也表現在對他人的感受，和了解產生這種感受的原因以做出正確的反應，以及能夠根據以往的經驗，對未來可能發生的事準確預測。

　　「共情」是建立關係的基礎，對日常的溝通和人際交往，發揮著重要的作用。在職場上，它會幫助我們正確理解上級的意圖、準確掌握下屬的情緒狀態、能對跨部門的協作換位思考。當共情發揮作用時，我們能夠對他人尊重與關注，交流時更精確，不但能提高效率，還能減少誤會和矛盾，建立起和諧而高效的職場關係。

　　在生活中，共情幫助我們讀懂他人的世界。在情感上支持他人、理解他人，和他人建立持久而安全的關係。

　　我們感受、推測、理解他人的內在世界的前提，是要對自己的內在世界有準確的洞察。若不能準確地理解自己的需要，很可能就會將自己的感受與他人的感受混為一談，導致「共情」的濫用。

(1) 共情不是「與人友善」

有人說：「我處事隨和，對誰都很客氣，從來不得罪別人。我比較順從別人的需要，知道別人想要什麼，我總是盡力地附和和滿足別人。這算不算是會共情呢？」

我們要明白，共情和與人為善不是同一回事。很多人的「與人為善」，甚至討好、迎合或順從別人，出發點並非是真心為了他人，這種處世策略僅僅是為了自己的安全感。還有一些人，不斷地「付出」「奉獻」，喜歡「熱心」幫助別人，常送別人小禮物。比起滿足別人的需要，他們更喜歡這種貌似「被需要」的感覺。

共情，不是去順應他人，而是真心關注他人。

(2) 共情不能「反客為主」

談話時，你常常有以下反應嗎？一位同事向你抱怨工作不如意，你還沒聽完，就以一個過來人的姿態說：「這個我懂」，然後開始長篇大論給建議了。

見到一個客戶，剛找到一些交集，你就開始滔滔不絕地講起自己有多麼懂對方的需求，並開始給設計解決方案，甚至認為自己的建議一定能幫到他。

你的下屬又犯了同樣的錯誤，你根本沒給他解釋的機會，就把他為什麼犯錯誤的「心理」深刻剖析一番，而且說：「這我看多了。」

很多時候，我們自以為很瞭解對方，就會犯妄加評

判、好為人師的錯誤。我們自以為這些建議、忠告、分享對他人有所幫助的，但其實我們已經反客為主了。

共情，不是去解讀他人，而是真正地理解他人。

(3) 共情不是「同情」

銷售部助理小 Y 是一個熱心腸的人，她看到公司業務每天都要外出、談客戶、拚業績非常辛苦，特別「心疼」他們的忙碌，於事自願承擔幫忙報銷的工作。

之後他包攬了業務部原本該做的報銷工作，幫他們貼票、寫單據、算數據。起初業務們齊呼小 Y「給力」，還不時給他小禮物作為感謝。但到了後來，大家好像慢慢視為理所當然，每個月都把一堆亂七八糟的票據往小 Y 桌子上一丟，還經常因為對報銷數字有質疑，來找他對帳。小Y 非常委屈，他不懂自己「同情」別人的結果，怎麼會是這樣呢？

能夠同情別人、心疼別人，只是共情的一個起點。一旦演變成不考慮方法和後果的「救助」，甚至讓自己沉浸在居高臨下的救世感中，這就偏離了共情的軌道。因此共情不是去救助他人，而是發自內心地支持他人。

避免情感的越界

每個人都是情感獨立的個體，在建立關係的過程中，還需要注意尊重彼此的情感邊界。

(1) 勿打擾私人空間

有些人是天生的「自來熟」，不請自入他人的私人空間：認識幾分鐘就勾肩搭背；電話說個不停，從不問對方是否時間方便；私看別人的信件、私拆別人的包裹；使用曖昧的稱呼等等，這些都是在侵犯別人的私人空間。

(2) 勿觸及隱私話題

很多閒聊的話題，其實都不那麼令聽者「開心」。例如，過年回家時打聽親戚的收入，見到孩子就打聽考試成績。

有些主管也絲毫不覺得打探下屬隱私是個問題，隨口就問：「你下班後都做什麼？」「你是不是談戀愛了？」「你爸媽是做什麼的？」

同事之間也是一樣，隨口就問：「你這衣服哪裡買的啊？」「你老公一個月賺多少？」「你們家住哪啊？」「你們家孩子誰帶？」

儘管這些是我們都習以為常的閒聊話題，但是不經意間或許已經觸犯別人的邊界和底線。

(3) 勿混淆彼此的需要

是不是曾有人，把他們覺得好吃的飯菜硬夾到你碗裡？是不是曾有人邀你出遊，卻安排了你根本不喜歡的地點？是不是有人曾對你這麼說：「我的方法是最好的，照著我的做就對了。」

有些人往往會按照自己的想法去對待他人，認為那也是別人所需要、所喜歡的，想用一句「我這都是為了你好」強行進入他人的邊界。

(4) 勿過分承擔或依賴

還有一種侵犯邊界的方式更加隱蔽，就是把他人該做的事全包了，他們潛在的想法是：不管你需不須要，我就是要照顧你、安排你的生活，讓你越來越不能沒有我。

與之完全相反的，另一類人是完全賴著他人、指望著他人。他們的潛在想法則是：你的行蹤得告訴我，你的計畫我得知道，我有需要你就得出現。

這些侵犯往往都有一件美麗的外衣，被侵犯者往往苦不堪言。希望看完本節內容，能幫助讀者釐清，唯有承擔與依賴的邊界都清晰的人，才能建立起和諧、共贏的人際關係。

12-3
有效運用
「情緒能量象限表」

情緒能量的 4 個象限

心理學家歸納出一個「情緒與能量象限」（如圖 12-1 所示），這個簡單工具能幫我們清晰看出，情緒對於溝通行為的影響。

情緒能量象限的橫軸：代表情緒的「愉悅程度」，是指我們是否開心、舒服，包括愛、喜悅、興奮、平和、欣喜、好奇等。

情緒能量象限的縱軸：代表情緒的「喚醒程度」，是指情緒能量的大小。白話來說，就是精神好不好、精力是否旺盛。有些情緒需要很大的能量去支持，比如興奮、憤怒。而另一些情緒卻不太需要消耗太多的能量，比如淡淡

▲ 圖 12-1　情緒與能量象限

的憂傷、平靜。

(1)當情緒喚醒程度高、愉悅程度高的時候，人處於「活躍象限」。

● 人的情緒呈現出：興奮、激動、歡喜、欣喜若狂。

● 人的行為表現為：熱情、活躍、有創造力、有感染力、有行動力。

● 人在溝通中的表現是：積極開放、有感染力、從眾、說大話、過分承諾。

(2)當情緒喚醒程度高、愉悅程度低的時候，人處於「進攻象限」。

● 人的情緒呈現出：憤怒、狂躁、奮進、焦慮。

● 人的行為表現為：攻擊性高、壓力下的進取、你死我活的好勝心、容易爆發負面情緒。

● 人在溝通中的表現是：語言有攻擊性、偏激、堅持自己的觀點、強勢。

(3) 當情緒喚醒程度低、愉悅程度低的時候，人處於「審視象限」。

● 人的情緒呈現出：憂慮、憂傷、抑鬱、疲憊。

● 人的行為表現為：挑錯、擔憂、不認同、排查問題、行動力不足。

● 人在溝通中的表現是：不熱情、不配合、挑剔、容易抱怨、擔心。

(4) 當情緒喚醒程度低、愉悅程度高的時候，人處於「理性象限」。

● 人的情緒呈現出：平和、愉悅、淡定、喜悅。

● 人的行為表現為：平靜、接納、願意取得一致、情緒比較穩定。

● 人在溝通中的表現是：積極樂觀、理性平和、樂於傾聽、反思、感悟，能夠表達己見，努力雙贏。

提升自己的情緒績效

由情緒與能量象限可以清楚看到，情緒是我們溝通行為背後的操盤手。據研究顯示，75% 的職業脱軌都是由於與「情緒管理失敗」相關的原因造成的，包括不能處理

人際關係問題、不能適應變化及不能營造信任。

　　另有學者的相關研究，對 480 名員工進行問卷調查，也得出情緒智力高的員工，擁有更好的問題解決能力，樂觀和幸福感也較高，這意味著情緒的運用和工作績效呈正相關。正如以色列心理學家魯文・巴昂（Reuven Baron）博士曾經說過：「要讓情緒為我所用。」

　　在活躍的情緒象限下，我們頭腦靈活，很多積極的創意都來自這樣的情緒狀態。一場魅力四射的演講，會推動情緒的高漲。一群處於「高興」狀態的人，也會加強彼此之間的認同。20 世紀 80 年代中期，美國大都會保險公司對 1.5 萬名新員工進行追蹤研究，發現「超級樂觀主義者」的工作完成得最好，第一年他們的推銷額比「一般悲觀主義者」高出 21%，第二年高出 57%。

　　當我們處於典型的活躍象限時，往往散發出熱情，充滿憧憬，幹勁十足。但也要慎防過於激動以後的喪失理性，人太興奮的時候，往往過於盲目樂觀和衝動。所謂「人生失意莫放棄，人生得意莫忘形」。

　　在進攻象限下，人會變得堅韌而有進取心，適度的壓力會讓我們提高效率。所謂的同仇敵愾，就是一種進攻能量的轉化，讓我們變得團結而忘記恐懼。化悲憤為力量，也是同樣的道理。

　　人在進攻的象限裡，情緒是非常激動的，能量也很

大。很多時候是憤怒、暴躁的，尤其在競爭的狀態下，會更顯得充滿戾氣。在這些時候，如果採取以毒攻毒、以暴制暴的方式，付出的代價會很大。

對於「攻擊」情緒的處理，最重要的是先做降溫動作。帶著尊重去傾聽，帶著界限去堅持，等攻擊性的情緒慢慢退散後，再經由理解和支持去轉化，把進攻的情緒換到理性的位置。

在審視象限下，人們嚴謹而蹈矩。重大決策前的適度焦慮，會讓我們集中注意力，發現更多的風險，從而做出更周全的決策。審視象限下的溝通，也可以讓我們從盲目樂觀中冷靜下來。

處於審視象限的溝通對象，雖然能量沒那麼大，卻比較難應對。一方面，對方的情緒不容易被察覺出來；另一方面，低迷的負面情緒，會大大影響溝通進行，導致你怎麼說都「不對」。

對方情緒處於審視象限時，會出現各種挑剔、低迷、煩躁、鬱悶情緒，這時千萬別火上加油。否則，對方的情緒會被你「激」到進攻象限，使溝通更難以進行。因此，要先設法使對方轉換心情，再繼續探討問題。

在理性象限下，人們的專注力會提升，變得平和、放鬆、積極開放而充滿智慧，這是最理想的溝通狀態。

這時候，人們心平氣和、開放穩定，肢體語言也很放

鬆。人們變得願意傾聽，而不是滔滔不絕地單方面表述。對待對方的態度也比較溫暖，容易認同他人。這是非常好的溝通狀態，我們要多多保持，多多善用。

有效的表達情感，可以幫助我們將情緒恢復到理性和平靜。

表達憤怒時，你可以這樣說：

「我不喜歡……」

「我現在很生氣……」

「這件事讓我非常生氣！」

表達悲傷時，你可以這樣說：

「我對這件事感到很失望……」

「因為……我很難過，我覺得……」

「你說的那一句話，我為此很受傷……」

表達恐懼時，你可以這樣說：

「我很擔心……」

「我好害怕，我需要你幫我……」

「我不希望發生……因為……」

表達懊悔時，你可以這樣說：

「這件事讓我很懊惱，因為……」

「我很抱歉，我沒有考慮到……」

「我沒那個意思，沒想到……很抱歉。」

表達愛時，你可以這樣說：

「我會支持你！」

「我想我能理解！」

「我很感謝你為我……」

管理團隊的情緒場域

美國創新領導力中心（Centerfor Creative Leadership）的研究發現，客服工作的情緒氛圍每提高 1%，銷售額將帶來 2% 的提升。管理好團隊的情緒象限，對績效的促進作用被研究證明是非常重要的。而領導者的這種調整和影響他人情緒的能力，也被美國心理學家丹尼爾・戈爾曼（Daniel Goleman）極力推崇。

在場域中，影響集體的情緒狀態的要素有自然要素、人際要素和管理要素三個方面，分別在情緒的能量大小和愉悅程度上發揮作用。

(1) 自然要素

光線、色彩、聲音、環境溫度、食物與作息等，都會潛移默化影響場域的情緒反應。太過刺眼的光線或太過昏

暗的環境，都會影響工作效率。色彩和聲音，對工作環境也會產生影響，因此不同產業、不同性質的企業，往往在使用視覺識別系統時，會選擇不同的色調，這也在某種程度上決定著企業的情緒面貌。此外，溫度在一些特殊行業會特別受到關注，特別是密閉的工作空間。

　　不知道你有沒有發現，延誤的客機等待起飛期間，在乘客開始躁動之前，乘務員就已經調低客艙溫度。不同機關、單位的作息、午餐的安排，午休的長短、加班的安排等等，這些作息規律也在很大程度上，影響著集體的情緒狀態。

(2) 人際要素

　　人際要素對場域情緒狀態的影響，是隱蔽而持久的，這不僅包括人和人之間溝通的方式，例如表情、言語方式、表達方式等，還包括在這個集體裡人和人之間的相處方式。團體或組織成員間，是緊密還是疏離；是合作還是競爭；是尊重強者，還是更追求平等主義。不同的相處方式，帶著不同的整體情緒狀態。另外，性別的比例、跨文化的差異性等，也會對情緒狀態產生影響。

(3) 管理要素

　　無論管理的硬體環境，還是軟體環境，都會對情緒產生影響。在某種意義上說，管理者實施管理的過程，就是塑造自己理想的場域情緒狀態的過程。在百度公司每個新

人入職時，都會被發一筆「裝修費」，用來打點自己的工作區。而如何裝修沒有統一標準，可以盡情發揮，於是有人打造出「蜘蛛人」小世界，有人保持「小清新」風格。這種對空間的管理，展現了開放、個性、創新的網路公司文化。同時，也塑造了熱情、自由的情緒狀態。

在管理中，制度、流程、績效方式的設計是軟體環境，這對情緒狀態的影響，比硬體環境還要深遠。競爭性強、末位淘汰制、強調懲罰的管理方式，顯然會使員工情緒停留在進攻象限。這可能會促進業績，但也會犧牲員工的幸福感和人際關係。

組織的溝通方式，特別是上下級之間的溝通方式，是調整和影響場域情緒狀態的最基本手段。溝通方式是否公開透明、及時、開放、平等，上下級之間偏向命令還是互動協商，這些都會對情緒產生重要的影響。

第 13 章

溝通時你踩到對方的紅線嗎？
建立適當的心理邊界

13-1
為何會衝突？因為你沒有擁有獨立的心理邊界

　　想要知己解彼、打開深度對話，我們必須擁有良好的共情能力。在對話中對情感有覺察、有理解、有回應，努力讓彼此產生共鳴，避免由於過度追求效率，導致對感受的忽略。這需要提升兩方面的心智力量，一個是人際關係中的獨立性和界限感，另一個是建立深層安全的情感依戀模式。

　　無論你日常和哪一類人打交道，都要學會與對方建立適當的心理邊界。成熟的關係總是彼此獨立，擁有邊界的。邊界維護了我們的自主，幫助我們在自由的空間裡不受侵擾，放鬆情緒與情感，有利於達成有效的自我評估，同時也保護人際關係健康的發展。因此，樹立起邊界意識，是在對話時特別重要的能力。

3 種關係組成支援系統

　　人與人的關係，本質上是一種心理的距離。也因距離遠近的不同，有著不同的邊界意識和相處原則。這種心理距離的不同，由近及遠可分為親密關係、信任關係和社交關係三類。

1. 親密關係

　　親密關係通常是最密切的私人聯繫。它是經由很深的互相瞭解和認知形成的熟悉和喜歡，以及彼此依戀的關係。親密關係的雙方擁有歸屬感，開放更多的隱私空間，可以使雙方放心地披露內心深處的想法和感受，甚至是和道德、性相關的隱私及情感。

　　要發展一段親密關係，通常需要一段可觀的時間，可能是幾個月、幾年，而不是幾天、幾小時而已。家庭成員、配偶、伴侶、知己、手足、朋友等重要他人，都有可能發展成為我們的親密關係者。

2. 信任關係

　　信任關係是基於情感的認同而產生的人際關係。在人際關係中，具有信任關係的雙方彼此認同，相互支持。對同伴取得的成就表示自豪，為能夠協作實現目標感到發自

內心的喜悅。信任關係不一定如同親密關係般開放更多個
人隱私，不一定產生歸屬和深切的依戀，然而，也可以給
予彼此穩定而有力的支援。

3. 社交關係

社交關係是基於實用性的人際關係，多存在於業務關
係、工作關係之中。它是人們為了滿足社會交換的需要，
而開展的社會活動中所產生的關係，但良好的社交關係也
需要彼此互惠互利。

三類關係中，社交關係對隱私的開放度最低，甚至可
以不開放自己的隱私。在關係的穩定性和情感品質上，也
明顯不如前兩種關係深刻。

此外，三種關係之間並沒有絕對的分水嶺。對於不同
的關係，每個人都有自己的定義和標準，也有自己的處理
原則。有的人對親密關係要求非常高，追求心靈上的高度
契合；有的人社交關係範圍非常大，但不太和他人產生情
感往來；有的人對信任關係建設得非常好，有很多志同道
合的朋友或追隨者，但不一定有親密關係。

有時候同一個人只存在於你的某一種關係中，但有的
人可能同時存在於你所有的關係屬性中。無論是以上哪
種，你的所有關係都構成了你的整個支援系統。

繪製自己的支援系統

請拿出一張白紙，在白紙的正上方，鄭重寫下這樣一行字：○○○的支援系統（○○○是你的名字）。接著在白紙上畫三個同心圓，由內而外，分別在每個圓圈裡寫下親密關係、信任關係、社交關係。

接下來，閉上眼睛慢慢放鬆，把所有對你有幫助、能支持你、給予你精神力量的人，都請到你的「腦海」中來，包括已經不在世的人。每當你的「腦海」裡浮現出一個人的面孔時，就把他的名字或者稱呼，寫在白紙上的三個圓內。

在這三個圓裡，根據與你距離的遠近，填下他們的名字或稱呼：如果感覺某人離你很近，是親密關係，那麼就將他填進最裡面的小圓裡面。如果你覺得某人只是社交關係，就將他寫在最外面的大圓裡。如果你覺得與對方有情誼，不是純社交關係，但是也沒那麼近，彼此並沒有開放什麼隱私，只是一起工作，那麼就把他填進中間的信任關係圓裡。

給自己 10 分鐘的時間，認真寫下這些名字。想到了誰，就寫下誰的名字，不必有先後次序，想到哪裡寫到哪裡，只要按照你所感覺的心理距離來判斷就好。

寫好後，請你拿起這張紙，看著這些名字，體會當下

有什麼樣感受，這就是你的生命「支援系統」。

你可以經由以下幾個問題，更瞭解你的支援系統。

(1) 父母、配偶、家人、孩子是否都在這張圖裡？他們分別在什麼位置？如果有缺席，那麼這是因為什麼？

(2) 你有親密關係嗎？他們是否讓你感覺到生活是安全的、美好的？如果暫時沒有，你是否對此有期待？

(3) 你的信任關係裡，是否有對工作和現實生活有直接幫助的人，而不僅僅是情感上的同學、朋友？能夠在社會的現實中去建立信任關係，是你心理成熟的重要標誌。

(4) 你的社交關係品質如何？其中有多少人可以發展成你的信任關係？如果多是泛泛之交，就需要提高交往的品質。

(5) 在你的所有關係裡，性別比例如何？年齡多樣性如何？是否有前輩和比你年輕的人？一般來說，關係越多樣化，你的靈活性和成熟度就越高。

無論是親密關係、信任關係還是人際關係，我們都應制定相應的原則和底線，來界定心理邊界。邊界太僵化，容易造成人與人之間的隔閡；邊界太模糊，會喪失彼此獨立的空間，容易造成彼此之間的侵擾和傷害。

所以，制定在關係中相處的原則和底線，是你樹立心理邊界的方式，也是你調整和他人距離的依據，每個成熟的人都會擁有屬於自己的處世之道。

——— 自我提升小作業 ———
為關係設定邊界

請為自己制定關係相處的原則。

1. 制定親密關係時，請思考以下問題：

- 你在什麼環境條件下，對什麼樣的人會開放什麼程度的隱私？

- 你發生性關係的原則是什麼？

- 哪些隱私是你不會對親密關係開放的？

- 在你的親密關係裡最不能接受的是什麼，你的底線又是什麼？

2. 制定信任關係時，請思考以下問題：

- 你信賴一個人的前提和原則是什麼？

- 你如何定義朋友？

- 信任關係中你的財務往來原則是什麼（例如，朋友之間是不是能借錢，要不要一起做生意）？

- 在信任關係中哪些可以接受，哪些是你不能接受的？

3. 制定社交關係時，請思考以下問題：

- 你社交的禮儀和原則是什麼？
- 你對上級的應對原則是什麼？
- 你擅長和什麼樣的人打交道，你不和什麼樣的人合作？
- 在一些具體的情況下，你堅持的部分是什麼，你能放棄的部分是什麼？

如下表，你可以參考以上的提示制定屬於自己的原則，以便清晰劃分與他人的邊界。當然，這些原則也需要在實踐中被不斷補充和完善。

	理想典範的特徵	我的相處之道
親密關係		
信任關係		
社交關係		

13-2
為何會受傷？因為你沒有經營安全的依戀關係

　　關係的背後是愛的支持，無論你如何界定愛的含義，都不得不承認愛對我們的行為有著巨大的影響。心理學家們嘗試用科學的研究去探索：什麼是愛？從哪裡會得到愛？愛是如何起作用的？

　　不過出於道德的原因，這種實驗很顯然不能在人類身上實施。於是發展心理學家亨利・哈洛（Harry Harlow），設計了著名的恒河猴實驗。

　　恒河猴從生理學角度來看，與人類非常接近，所以它被用來進行愛與依戀的實驗研究。心理學家們為小猴子們製作了兩個「母親」，一個是用光滑的木頭做成的，包裹了海綿和絨布，在胸前安放了一個奶瓶，身體內還安裝了提供熱量的燈泡；另一個「母猴」是用鐵絲網製成的，外

形與絨布母猴基本相同，餵奶和提供熱量的功能也都具備，只是接觸起來，不那麼舒服。

心理學家們開始觀察小猴子們，和這兩個母猴之間的依戀關係，令人驚訝的是，小猴子們對於絨布母猴的偏愛程度趨向於極端。無論是由哪隻母猴餵奶，所有幼猴都更願意和絨布母猴待在一起。那些由鐵絲母猴餵養的幼猴，也只是為了吃奶才迫不得已地離開絨布母猴。可見接觸的安慰，在幼猴對母猴產生依戀的過程中，有著重要的影響。

兩組由不同母猴餵養的小猴子食量、體重增長速度都相同，但由鐵絲母猴餵養的幼猴對牛奶消化不良，經常腹瀉。這說明缺少母親的接觸安慰，使幼猴產生了心理上的緊張。

此外，實驗人員把幼猴都放在同一個房間裡，當絨布母猴不再出現時，它們就會充滿恐懼，出現情緒化的行為，例如，縮成一團、吸吮手指，有時候它們還會跑向絨布母猴曾經出現過的地方，即使鐵絲母猴當時在場。恐懼物體的實驗結果，進一步證明了幼猴對絨布母猴的依戀。

研究者又讓已過哺乳期，可食用固定食物的幼猴與母猴分離 30 天，當幼猴和絨布母猴再次重逢時，他們都衝向母猴，爬到母猴身上，用頭和臉在母猴身上摩擦，然後撕咬包裹在母猴身上的絨布與母猴玩耍。但是他們不再像

以前那樣，願意離開母猴去探索和玩弄房間裡的其他物品，而是緊緊地依戀在母猴身邊。此刻，尋找安全感的需要，比探索周圍物體的天性更為強烈。

你是依戀關係中的哪一種？

心理學家帶著從猴子那裡得出的結論，去觀察母親和嬰兒之間的互動，也為小嬰兒在保證安全的前提下設置了一些恐懼、分離與重聚的觀察情境，發現了母嬰之間的三大依戀關係。

(1) 安全型依戀

安全型依戀的嬰兒，似乎有兩種彼此對等的能力，在他們感到安全的時候，能隨著自己的衝動去探索周圍的環境；在他們感到不安全的時候，能自然地回到母親身邊尋求安慰。安全型依戀的嬰兒不管在分離時多麼難過，與母親再次相聚的時候，都會讓他們幾乎瞬間就得到安慰，而且很容易平撫情緒繼續去玩耍。

嬰兒的這種靈活性和復原力，是與母親互動的產物，安全型依戀的嬰兒，一般擁有足夠「敏感」的母親，能夠對嬰兒發出的訊號和發起的交流適當反應。

例如，母親發現嬰兒哭泣，會很快、溫柔地抱起他，

但是只在嬰兒希望被抱的時候才這麼做，這些母親似乎能夠很順暢地將自己的節奏與嬰兒的節奏緊密地配合在一起，而不是把自己的節奏或安排強加給嬰兒。她們敏感而非焦慮，接受而非拒絕，合作而非控制，能及時地提供情緒上可獲得性而非疏離。

(2) 迴避型依戀

即使在陌生情境下，把嬰兒放在一個會讓人驚慌的環境，迴避型依戀的嬰兒看上去還是會出奇地「漠不關心」。母親的離開或者回來，他們好像都無動於衷，只是不停地探索著周圍的環境。他們這種明顯缺乏痛苦的表現，很容易被人錯誤地理解為平靜。

實際上在分離場景中，迴避型依戀的嬰兒心率與那些看上去很痛苦的安全型的嬰兒一樣，都是加快的，並且他們的皮脂腺數據，在實驗過程前後都明顯高於安全型的嬰兒。

迴避型的嬰兒表面上的冷漠，實質上是依戀行為的缺失，反映出的是一種防禦性的適應。這與長期與父母分離的兩三歲兒童身上觀察到的抽離一樣，看起來這些迴避型的嬰兒和那些有分離和喪失創傷的兒童一樣，對於自己想要得到的安慰和照顧，都認定了自己的任何主動表示都毫無用處，不會得到回應，因此也就放棄了要求。

研究者觀察到，迴避型嬰兒的母親，會主動拒絕嬰兒想要連接的請求。這些母親在孩子看起來很悲傷的時候，會出現退縮行為、抑制情緒的表達，對身體接觸表現出厭惡，以及在實際身體接觸時會有些粗魯、唐突。

(3) 矛盾型依戀

矛盾型依戀的嬰兒有兩種，其中一種嬰兒常表現出生氣，另一種嬰兒則很被動。這兩種嬰兒都對母親在哪裡太過於迷戀，以至於無法自由探索。對母親離開的反應，也都會表現出巨大的淹沒性的悲傷。

在和母親重聚後，表現生氣的嬰兒反應，在主動表示要與母親聯結和對母親表達拒絕之間來回搖擺，又要母親的安慰，又要掙脫母親的懷抱、大發脾氣。與此相反，被動型嬰兒看上去只能很膽怯地向母親尋求安慰，好像難過得已無法接近母親。

和母親之間並不愉快的重聚，既不能緩解矛盾型嬰兒的悲痛，也不能終止他們對母親行蹤的擔憂。即使當母親在場的時候，他們也一直都在尋找缺席的母親。

矛盾型嬰兒的母親，儘管並沒有對嬰兒表現出口頭或身體上的拒絕，但她們對嬰兒發出的訊號是不敏感的，對嬰兒的回應是混亂的、前後不一致的。

矛盾型嬰兒的母親還很難分清楚自己和嬰兒的界限，

阻礙了嬰兒的獨立發展。因為這些母親的內在心理狀態就是非常不穩定的，她們給嬰兒的情緒反應也是不可預測的。所以這些矛盾型嬰兒只好採取混亂、矛盾的方式，表達自己的依戀需求，就好像在持續地給母親施加壓力，才能使自己得到照顧。

依戀關係的模式，就是我們最初與人溝通的範本。

嬰兒和照顧者之間的溝通品質、溝通方式決定了依戀關係的類型。嬰兒被允許表達自己需要安慰，能夠在撫慰中放鬆，就會產生想要繼續玩耍的需求。母親對這些需求，都能夠經由非語言線索精準解讀，並且做出了相應的互動。這樣的溝通是合作性的、隨機應變的。一人發出訊號，另一方做出應答。「我能體會你的感受」「我能回應你的需求」，如此能培養出一個安全型的依戀關係。

在不安全的依戀關係（迴避、矛盾）中，嬰兒與母親的溝通品質相對較差。和母親分離時，孩子也無法表現出明顯的痛苦，但是他們的心跳已經加快了。重聚時，他們也無法表達出對自己的安慰需求。所有渴望連接的溝通，對母親發起的任何富有情感的表示，母親都會有點「充耳不聞」或者「雞同鴨講」，這就造成了溝通不協調，而這些溝通模式會伴隨著很多情感體驗固定下來，也就形成了內在的不安全的依戀模式。

而當我們成年後，這些早期的痕跡，已經逐步發展成

強大的互動習慣和固著的情感體驗，深刻地影響著我們的溝通行為。

重塑深層依戀模式，建立新關係

(1) 清晰化你的互動方式

　　對依戀模式的清晰化，對我們理解自己的溝通行為及在關係中的互動方式意義重大。這不是簡單地給自己定義一個依戀關係類型就好，而是要逐一理清我們和父母（養育者）之間的互動方式。並且觀察這些互動方式，是如何在自己和他人的關係中重現的。

　　清晰化的過程，不是一蹴而就的。我們需要不斷體會、不斷標記、不斷總結，尤其和父母關係有過大量衝突的朋友，可能還需要接受專業的解說。因為我們和父母的關係，有時會比較糾纏、複雜，很多影響會交織在一起。

(2) 區分細化，分離個體體驗

　　當你對大致的互動方式熟悉和理解之後，要對具體的感受進行區分和細化，將自己的感受從養育者施加的影響中分離出來。

　　區分是對感受進行分類。例如，哪個感覺是母親的影響，哪個感覺是父親的影響；哪些是積極的感受，哪些是

消極的感受；哪些是在一些特定的情形下會發生的典型反應。區分是分離個體體驗的開始。

細化是指在每一個具體的感受裡，分析到底產生了怎樣的影響。例如，母親讓我吃很多東西，我很難受，這時難受就是一種模糊感受。你首先要一一攤開難受裡有什麼：可能有「我說了也沒用」的憤怒、有「不想吃」的為難、有不吃的「內疚」等等。然後，你還要能明白她這麼做是為了什麼、她擔心什麼、她用這樣的方式滿足了自己什麼？這是對傳遞者的分析。

你還要分析自己：為什麼每次到了這種時候就會「難受」，你採用什麼方法去應對，以及這件事對你產生的影響。以及你形成了什麼樣的觀念，在其他方面有沒有同樣的問題，你會不會也表現得像你的母親。

積極的感受會形成親密感、愉悅感、力量感，不會讓你產生太多分離的需要。所以，需要區分和細化的往往是一些負面感受。在區分和細化之後，才能分離個體體驗。分離個體體驗是指，理清在這些感受裡哪些是你的，哪些是我的。

例如，在之前的例子裡，分離個體體驗就是：「我母親很焦慮，所以讓我多吃，我產生了抵觸的情緒，因為我吃夠了。我很健康，這是我的感覺。但同時母親把擔心經由這個方式傳給了我，擔心的感覺是她的，不是我的。母

親讓我認為不聽話就是我的錯，這個內疚感，也是她給我的，並不是因為我做錯了什麼。我還知道，對母親的忠誠和心疼，讓我不忍心拒絕她。同時，因為我提出的需要總是被忽略，我十分憤怒，又心疼又憤怒，讓我有很多衝突感。」這就是一個比較清晰的分離後的個體體驗了。

(3) 形成新的個體體驗

在體驗清晰化後，你需要為自己做出新的應對決定，然後在新的行為過程中，產生屬於自己的新體驗，這時候就完成了一次真正的分離和獨立，獲得了成長。你就可以帶著你嶄新的個體體驗，去重新建立新的關係了。在和新的關係互動的過程中，又不斷豐富和充實了你的新感覺，直到形成自己的新的依戀模式。

在形成新的個體體驗中，有如下三個應對策略。

- 哪些是可以繼承的：生命本身就是一個最偉大的繼承。我們的文化傳統並不支持一個人完全脫離他人獨立，所以如果你沒有繼承感，全盤否定父母，會感覺斷裂。繼承可以從父母那裡來，也可以從家族更上一代的祖先那裡來，也可以在一些影響你的重要他人處得到，沒有繼承，就沒有生命力。

- 哪些是可以轉化為資源的：父母的一些方式雖然不盡完美，但是其中仍有我們可以使用的資源。例如，很多長輩對自己的要求非常高，主要是因為怕別人失望。對自我要求高所產生的行動力，本身是一種資源。如果我們做事情不是為了別人，而是為了自己，那麼這個做事的行動力，就轉化成了我們的資源。

- 哪些是要放棄的：有一些在關係中的行為和想法的確是不可取的，必須明白這麼做為什麼對人生是有傷害的，獲得領悟，才能真正放下，痛苦才會過去。

重塑深層的依戀模式，並非一日之功。你會面對舊體驗的反覆衝擊，這些舊體驗已經留在你的身體記憶裡，需要不斷調整、不斷面對，直到舊感覺完全退去，新體驗完全形成。這對你的自我力量是非常大的考驗。你需要付出努力，也需要支援，必要的時候還需要專業的幫助，直到重塑全新的生命關係。

─── 自我提升小作業 ───
關係觀察小日記

　　讀完本小節的內容後，請試著完成下表。時間不限，重要的是能要根據事實完成，當做一個深入的自我觀察作業。

	關係的特點	我的感受 （分離個體化）
我和母親		
我和父親		
我和其他重要養育者		

職場對話行為評估問卷

在工作中，你會對以下事情有困擾嗎？請按照是否符合您的情況打分數：

1 完全沒有、2 偶爾會有、3 說不清、
4 比較符合、5 非常符合

☐ 1. 在組織部門間或者上下級間談話時，我有時會為自己的角色感到困擾。

☐ 2. 當對方有抵觸的情緒時，我很難第一時間察覺，察覺後也難以有效化解。

☐ 3. 有時候會因為情緒問題，導致工作達不到效果，事後十分後悔。

☐ 4. 對於專業、經驗、背景、年齡差異大的上下級，我很難找到合適的溝通方式。

□ 5. 當談話浮於表面，需要應付、來來回回時，我不太知道怎麼讓對話更深入。

□ 6. 對如何清晰表達，同時顧及他人感受地堅持建議、要求甚至拒絕，感到很困惑。

□ 7. 溝通時中大家都在發言，很少有人耐心地聽我說。

□ 8. 難以理解對方的潛台詞、言外之意。

□ 9. 不太知道做什麼樣的回應，能讓別人感覺其被理解，對於抱怨的言辭總是無計可施。

□ 10. 雙方觀點不一致時，若說服對方按自己的想法做，最後常常不歡而散。

□ 11. 當開始強調對錯，或提出「這是主管的要求」「制度就這樣」時，談話就無法繼續了。

□ 12. 有時候只能使用權力讓對方不得不認同，但效果很不理想。

□ 13. 雖然達成了一致想法，但推進起來十分困難，不知道從哪裡改進才好。

□ 14. 事前已約定好，但落實結果與想像的差距很大。

□ 15. 對方答應去做了，但明顯動力不足，有時候會變成不了了之。

國家圖書館出版品預行編目（CIP）資料

懂一點心理學，讓說話產生正面效應／張心悅著. -- 新北市：
大樂文化有限公司，2023.04
240 面 ；14.8×21 公分. --（優渥叢書 Business；089）

ISBN 978-626-7148-53-2（平裝）
1. 人際傳播　2. 溝通技巧
177.1　　　　　　　　　　　　　　　　　112004693

BUSINESS 089

懂一點心理學，讓說話產生正面效應

作　　者／張心悅
封面設計／蕭壽佳
內頁排版／王信中
責任編輯／林育如
主　　編／皮海屏
發行主任／鄭羽希
財務經理／陳碧蘭
發行經理／高世權
總編輯、總經理／蔡連壽
出 版 者／大樂文化有限公司（優渥誌）
　　　　　　地址：220新北市板橋區文化路一段 268 號 18 樓之一
　　　　　　電話：（02）2258-3656
　　　　　　傳真：（02）2258-3660
詢問購書相關資訊請洽：2258-3656
郵政劃撥帳號／50211045　戶名／大樂文化有限公司

香港發行／豐達出版發行有限公司
地址：香港柴灣永泰道 70 號柴灣工業城 2 期 1805 室
電話：852-2172 6513　傳真：852-2172 4355

法律顧問／第一國際法律事務所余淑杏律師
印　　刷／韋懋實業有限公司

出版日期／2023年4月27日
定　　價／260 元（缺頁或損毀的書，請寄回更換）
I S B N　978-626-7148-53-2